독자의 1초를 아껴주는 정성!

세상이 아무리 바쁘게 돌아가더라도
책까지 아무렇게나 빨리 만들 수는 없습니다.
인스턴트 식품 같은 책보다는
오래 익힌 술이나 장맛이 밴 책을 만들고 싶습니다.

길벗은 독자 여러분이
가장 쉽게, 가장 빨리 배울 수 있는 책을
한 권 한 권 정성을 다해 만들겠습니다.

독자의 1초를 아껴주는
정성을 만나보십시오.

미리 책을 읽고 따라해본 2만 베타테스터 여러분과
무따기 체험단, 길벗스쿨 엄마 2% 기획단,
시나공 평가단, 토익 배틀, 대학생 기자단까지!
믿을 수 있는 책을 함께 만들어주신 독자 여러분께 감사드립니다.

홈페이지의 '독자마당'에 오시면 책을 함께 만들 수 있습니다.

(주)도서출판 길벗 www.gilbut.co.kr
길벗 이지톡 www.eztok.co.kr
길벗스쿨 www.gilbutschool.co.kr

교과서가 쉬워지는
초등 필수 과학 실험 100

AWESOME SCIENCE EXPERIMENTS FOR KIDS by Crystal Chatterton
Text ⓒ 2018 by Callisto Media, Inc.
Photograghs ⓒ 2018 by Paige Green
All right reserved.
First published in English by Rockridge Press, a Callisto Media Inc imprint
Korean translation rights ⓒ 2019 Gilbut Publishing
Korean translation rights are arranged with Callisto Media, Inc. through AMO Agency Korea.

이 책의 한국어판 저작권은 AMO 에이전시를 통해 저작권자와 독점 계약한 길벗에 있습니다.
저작권법에 의해 한국 내에서 보호를 받는 저작물이므로 무단 전재와 무단 복제를 금합니다.

교과서가 쉬워지는
초등 필수 과학 실험 100

크리스털 채터튼 지음 | 김혜진 옮김 | 전영찬 감수

길벗

감수의 글

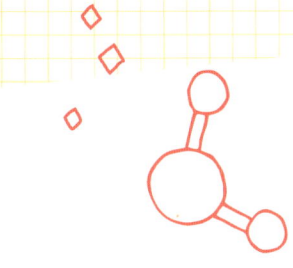

과학을 통해
세상을 탐구해 보세요

과학은 이 세상을 설명하는 학문입니다. 과학을 알면 우리 주변에서 일어나는 일들에 대해 이해하고 설명할 수 있게 되지요. 그런 현상들에 대해서 무심코 지나치지 않고 이유와 원리를 생각하다 보면 이 세상을 움직이는 여러 가지들을 알게 되고, 더 나아가 그것을 활용하는 방법을 배우게 돼요. 또한 과학은 세상을 움직이는 아주 강력한 마법이랍니다.

하지만 3, 4학년까지 과학자가 장래희망이었던 많은 어린이들이 고학년이 되면서 꿈을 접는 경우를 많이 봅니다. 왜 그럴까요? 과학이 어려워서일까요? 흥미가 떨어져서일까요? 어떻게 하면 과학에 대한 흥미를 높일 수 있을까요? 과학과 연관된 실험이나 체험 활동을 했을 때 학생들의 만족도가 높아지는 걸 알 수 있습니다.

《교과서가 쉬워지는 초등 필수 과학 실험 100》은 과학을 전공한 어머니가 자녀와 함께한 실험들로, 과학을 중심으로 기술·공학·예술·수학과 연관된 체험 활동입니다. 이 책은 여러분들을 마술과 같은 과학 세상으로 초대합니다. 여러 가지 실험을 하나씩 따라하다 보면 재미있는 과학에 흠뻑 빠지게 될 거예요.

이 책은 간단한 실험과 친절한 설명을 통해 과학적 사실과 원리를 이해하기 쉽도록 안내하고 있어요. 또한 주위에서 쉽게 구할 수 있는 재료들로 실험할 수 있게 이루어져 있어, 과학에 대한 흥미와 관심을 자연스럽게 높여 줄 수 있습니다. 이 책을 통해 여러분은 과학을 좋아하게 되고, 과학이 얼마나 중요한지 깨닫게 될 것 같아요.

이 책을 감수하는 동안 책 속의 여러 실험들을 초등학생 아이와 함께 해 보면서 과학 실험에 대한 호기심이 높아지는 것을 보고 뿌듯한 마음이 들었습니다. 그래서 이 책의 내용이 우리 학생들에게 조금이라도 더 쉽고 유익하게 다가갈 수 있도록 작은 보탬이 되고자 노력했습니다.

4차 산업혁명이 우리 생활 전반에 들어온 이 시대에 미래사회를 이끌어갈 초등 인재들이 이 책을 통해 자연 현상의 원리를 탐구하고 과학적으로 사고하는 꼬마 과학자로 거듭나길 기대해봅니다. 《교과서가 쉬워지는 초등 필수 과학 실험 100》과 함께 신기한 과학 세상으로 떠나볼까요?

서울 상지초등학교 교사
전영찬

추천의 글

4차 산업혁명 인재를 위한 즐거운 과학 실험 책

과학이 쉽고 재미있다면, 그래서 과학 공부가 신난다면 얼마나 좋을까. 지금 우리는 이른바 '4차 산업혁명'을 맞고 있고, 첨단과학기술시대를 살아가고 있다. 미래 세상은 과학기술 덕분에 더 편리해질 것이고, 우리는 인공지능이나 첨단 기계들과 함께 살아가게 될 것이다. 지금도 과학기술은 중요하지만, 앞으로는 더 중요해질 것이다. 스마트폰이 없으면 답답하듯이, 과학을 모르면 변화하는 세상에 적응조차 하기 힘들 것이다.

과학이 이렇게 중요한데도 과학은 너무 어렵고 딱딱하다는 생각에 아예 외면하는 학생들이 너무 많고, 과학을 좋아하거나 즐기는 사람이 그리 많지 않다는 사실이 안타깝다. 물론 과학이라는 과목이 만만하고 쉽지는 않다. 하지만 제아무리 어려워도 막상 원리를 알고 나면 한번 해 볼 만하다는 생각이 들 것이다.

과학과 관련된 일을 하다 보니 늘 쉽고 재미있는 과학에 대한 생각을 많이 해 왔다. 어려운 과학 내용을 쉽게 설명할 방법은 없을까, 딱딱한 과학을 재미있는 콘텐츠로 만들 수는 없을까 등등. 그러다가 우연히 만난 게 이 책이다. 쉬운 과학 놀이, 신기한 과학 실험을 이야기하고 있어 관심을 갖게 되었고 한 장 한 장 넘기다 보니 호기심이 솟아나고 막 실험해 보고 싶은 생각이 들었다. 아이와 함께 이 책을 보며 과학 실험을 한번 해 보라고 권하고 싶다. 이 과정에서 과학에 대한 호기심과 흥미가 생기고, 과학이 재미있다는 생각이 든다면 그것만으로도 엄청난 수확이 아닌가.

이 책은 초등학생 어린이들이 쉽게 할 수 있는 재미있는 실험 100가지를 소개했으며, 따라 하면서 지식과 원리를 배울 수 있게 구성해 놓았다. 실험 난이도와 예상 실험 시간도 친절히 안내돼 있고 교과서의 연관 단원과 교과서 속 과학 개념에 대한 설명도 충실해서 과학 공부하기에 딱 좋다. 더욱이 각 실험은 융합인재교육이라고 불리는 'STEAM(Science, Technology, Engineering, Art, Math)'의 구성 요소에 맞춰, 과학, 기술, 공학, 예술, 수학, 다섯 가지 분야로 나뉘어 있다.

가령 과학 영역에서는 입으로 불지 않고도 풍선을 부풀게 하고, 화학 반응으로 비닐봉지를 터뜨리고, 달걀 껍데기를 녹이는 등 다양한 실험을 소개하고 있다. 따라 하다 보면 과학 실험의 재미에 빠져들 수 있게 만드는

신기한 책이다. 그러면서도 단순히 실험을 소개하는 데서 그치지 않고 과학을 하는 자세에 대해서도 알려 주고 있다. 항상 질문하고, 질문을 바탕으로 실험하고, 실패도 중요한 과정이며, 결과를 계속 추적하고 신나게 즐기라고 조언하고 있다.

STEAM 교육은 교육부와 한국과학창의재단이 2011년부터 초·중등 교육에 도입한 과학교육 혁신 정책이며, 현재 4차 산업혁명에 대비한 창의융합형 인재를 양성하기 위한 프로그램이다. 미국, 유럽 등 선진국에서는 1990년대부터 과학, 기술, 공학, 수학 등 각 분야를 잘 가르쳐 우수한 학생을 양성하기 위해 'STEM 교육'을 해 왔는데, 우리나라는 여기에 예술을 더해 업그레이드한 'STEAM 교육'부터 시작했다. 교육 전문가들은 미래 인재는 창의적이고 융합 능력을 갖춘 인재라고 입을 모으고 있다. 이 책이 STEAM의 다섯 분야 실험으로 구성돼 있다는 점은 그래서 더 의미가 있다.

누구나 어릴 때는 과학에 대한 관심이 많은 법이다. 질문과 호기심이 많기 때문이다. 다 익은 사과는 왜 땅으로 떨어지는지, 새는 어떻게 자유롭게 날 수 있는지, 물고기는 어떻게 물속에서도 숨을 쉴 수 있는지, 밤이 되면 왜 깜깜해지는지 등등 알고 싶은 게 너무도 많다. 어린아이의 눈에는 세상 모든 것이 신기해 보이고, 어린아이의 머릿속에는 온통 질문으로 가득하다. 이런 질문에 대한 명쾌한 답을 주는 것이 바로 과학이다. 아는 만큼 보이는 법이다. 과학을 알고 세상을 보면 세상이 달라 보인다. '호모 사피엔스'라고 불리는 인간은 호기심을 갖고 질문하는 동물이다. '호기심'과 '질문'이야말로 과학 정신의 출발이고, 가장 유용한 학습법은 '실험'과 '탐구'이다. 특히 과학 교육에서는 실험이 정말 중요하다.

우연히 연락을 받고 책을 한번 훑어보았다. 당초 추천의 글 몇 줄 정도 쓸 요량이었지만 추천사가 의도치 않게 길어졌다. 변명을 하자면 한 장 한 장 보다 보니 기대 이상으로 재미있었기 때문이다. 어린이들이 실험을 통해 과학에 재미를 붙일 수 있게 하는 과학 공부 교재로 손색이 없다.

한국과학창의재단 과학문화협력단장,
《4차 산업혁명과 인간의 미래》 저자
최연구

시작하며

《교과서가 쉬워지는 초등 필수 과학 실험 100》을 찾아 주신 여러분, 환영합니다.

이 책에는 초등학생 어린이들에게 놀라움과 기쁨, 배움까지 선사할 재미있는 실험 100가지가 실려 있어요. 각 장은 과학(Science S), 기술(Technology T), 공학(Engineering E), 예술(Art A), 수학(Math M) 등 분야별로 나누었는데, 이 다섯 가지 분야를 아울러 '융합인재교육(STEAM)'이라고 한답니다.

저는 어릴 때부터 줄곧 과학과 수학에 빠져 있었습니다. 어른이 되어서 대학에서 유기화학 석사 학위를 받고, 연구소에서 일하다가 가정을 꾸렸어요. 지금은 우리 집에도 아홉 살, 일곱 살, 세 살짜리 꼬마 과학자 세 명이 있어요. 또 2012년에 〈꼬마 과학자Science Kiddo〉라는 블로그를 시작하면서 전 세계 수많은 학부모, 선생님들과 쉬운 어린이용 과학 실험 정보를 나누고 있답니다.

몇 년 전, 교육계에서는 '스템(STEM:Science, Technology, Engineering, Math)'이라는 이름으로 과학기술교육이 유행했었는데, 스템이라는 용어는 아마 귀에 익을지도 모르겠습니다. 그런데 점차 미술과 디자인이 중요해지고, 예술과 과학이 복잡하게 얽혀 상호작용한다는 사실을 사람들이 점차 깨닫게 되었어요. 그러면서 '스템STEM' 교육에 예술Art을 의미하는 A를 더해서 '스팀STEAM'이라고 하는 융합인재교육이 태어났습니다.

융합인재교육에 속하는 다섯 분야는 여러모로 서로 이어집니다. 예를 들어, 어떤 구조를 설계할 때는 예술과 공학 요소들이 한 팀이 되지요. 또 로봇을 만들 때는 기술과 공학, 과학 지식이 있어야 하고, 과학 실험 결과를 측정하려면 수학이 필요합니다.

이 책은 융합인재교육에 속하는 여러 분야가 어떤

식으로 상호작용하는지 보여 주면서 최대한 실제와 비슷하게 구성했어요. 과학자들은 실험할 때 재료를 정확히 계산하고, 측정하며, 결과를 기록해야 합니다. 과학자들은 과학 지식도 깊어야 하지만, 전에 없던 길을 설계하고 만들어 내는 창조성과 독창성도 있어야 해요.

마찬가지로, 전기 기술자도 제어반 회로만 만들어 내는 사람은 아닙니다. 전기 기술자는 전기 회로망 뒤에 있는 물리학을 이해하고, 사용 가능한 기술을 잘 알고 있어야 해요. 또한 새로운 모형을 설계해서 만들고 결과물을 측정할 줄 알아야 하지요. 전기 기술자가 성공하려면 융합인재교육 전 분야가 한몫해야 한답니다.

무엇보다 이 책에 나오는 실험들은 정말 재미있어요. 어린이는 물론 어른들도 새로운 것을 배우며 두 팔을 번쩍 들고 신나서 소리 지를 만한 실험을 아주 다양하게 준비했습니다. 단순한 원리들을 바탕으로 기억에도 남고 창의력 넘치는 결과를 내놓을 기회들을 경험할 수 있어요. 게다가 가장 큰 장점은 이런 실험 대부분이 간단한 준비물로 가능하다는 점입니다. 집에 흔히 있는 재료거나, 없더라도 주변에서 쉽게 구할 수 있는 재료들만 있으면 되니까요.

몇 가지 실험 준비물, 특히 '제3장 기술'에서 필요한 집게 전선이나 LED 전구 같은 재료들은 인터넷이나 철물점, 전자 제품 판매점에서 사야 하겠지만, 크게 걱정할 필요는 없습니다. 이런 재료들 역시 값도 싸고 구하기도 쉽거든요.

각 장에는 다양한 실험을 단순하고 명확하게 정리해서 실었습니다. 또 실험마다 준비물 목록과 순서대로 쉽게 풀어 쓴 실험 방법을 넣어 두었어요.

덧붙여 실험마다 〈이렇게 관찰해요〉라는 관찰 질문을 넣어서, 어린이들이 눈에 보이는 것보다 한 발짝 깊이 들어가서 생각해 보게 했습니다. 모든 실험에는 〈응용해 봐요〉라는 심화 활동도 하나씩 두어서, 그 실험에 작용하는 원리를 다각도로 접근하게 했고요. 이 활동을 통해 어린이들이 새로운 질문을 품고 관찰한 내용을 토대로 새로운 실험을 해 본다면, 창의력이 더욱 발현되겠지요.

실험 대부분은 어린이와 어른이 한 팀으로 이루어 진행하게 만들었지만, 나이가 좀 더 많은 어린이라면 혼자서도 충분히 할 수 있는 간단한 실험도 꽤 많이 있습니다.

이 책에서 가장 도움이 되는 내용은 실험 마지막에 나오는 〈무슨 원리일까요?〉 부분이에요. 이 부분에서는 그 실험이 어떠한 원리로 어떠한 과정을 거쳐 그런 결과가 나왔는지 이해하기 쉽게 설명하고 있습니다. 어린이들은 이 지식을 활용해 배움의 영역을 확장하면서 스스로 새로운 과학 실험을 만들어 볼 수도 있어요.

책 뒤쪽에는 우리 과학 새싹들이 알아야 할 〈용어 설명〉은 물론, 〈표〉와 〈도표〉 양식도 넣어 두었습니다. 이 빈 표와 도표는 각 장에서 어린이들이 실험 결과를 측정하고 기록할 때 유용하게 쓰일 거예요. 그러니 필요한 만큼 복사해서 마음껏 활용하세요.

《교과서가 쉬워지는 초등 필수 과학 실험 100》은 과학적 방법을 활용해 어린이들이 진짜 과학자처럼 사고하고 창조하는 법을 배울 수 있도록 구성했어요. 과학적 방법은 이미 17세기부터 다양한 현상을 조사하고 새로운 지식을 얻는 데 쓰였어요. 과학적 방법 단계들은 다음과 같아요.

- ➡ 질문하기
- ➡ 배경 조사하기
- ➡ 가설 세우기
- ➡ 실험 설계하기
- ➡ 가설 시험하기
- ➡ 데이터 분석하기
- ➡ 결론 내리기

이 단계들은 모두 다 중요해요. 이 책은 어린이들이 과학적 방법 단계들을 차근차근 배울 수 있게 만들었습니다. 우선 실험 방법과 순서를 꼼꼼하게 설명하고, 나중에는 어린이들이 과학적 사고 능력을 더 키우도록 질문과 다양한 발상을 넣었어요.

이 책에 나오는 모든 실험은 어린이들에게 질문을 하나 던지면서 시작합니다. 어린이들은 가설을 세우

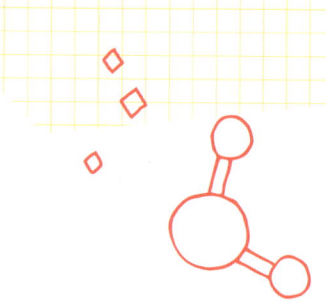

거나 경험에 근거한 추측을 해서 실험하는 동안 어떤 일이 일어날지 예상할 수 있는데, 어떻게 하든 그건 어린이들이 결정해야 해요. 그리고 실험 마지막에 관찰을 하면서 자신이 세운 가설이 맞았는지 결론을 내리게 됩니다.

앞으로 하게 될 실험은 모두 발판으로 쓰이도록 만들었습니다. 더 많은 질문을 하고, 그 질문에 답하기 위해 한 단계 더 나아간 실험을 설계할 발판 말이에요. 질문을 던지고 답을 찾기 위한 실험을 설계하는 기술, 그것이야말로 실험을 진정한 실험답게 만듭니다.

명심하세요. 질문 없는 실험은 단순한 시연일 뿐이에요. 아무리 멋진 결과가 나오더라도 질문이 없다면, 질문과 답을 내는 과정을 통해 따라오는 깊은 사고와 배움은 놓치게 됩니다. 실험을 함께하는 어른들도 어린이들에게 질문을 하면서 같이 답을 찾으면 좋겠습니다. 이 책을 좋은 학습 도구로도, 또 아이와 끈끈한 유대감을 형성하는 기회로도 만들어 보세요. 그러면 어린이들이 자라서도 소중하게 간직할 멋진 경험이 될 거예요.

아이가 융합인재교육 원리를 이해하면 인생에서 성공할 준비가 된 겁니다. 융합인재교육 관련 분야에서는 매년 일자리도 많이 생겨서 자격 있는 창의 인재들이 많이 필요하지요. 그런데 정말 중요한 건 아이가 질문하고, 설계하고, 만들어 내고, 창조하고, 측정하고, 비판적으로 사고하는 법을 배우게 된다는 거예요. 그 아이가 앞으로 어떤 분야를 선택해 공부 또는 취업을 하든, 장차 아주 큰 성공을 거둘 준비가 된다는 점이 무엇보다 중요하지요. 게다가 융합인재교육은 정말 재미도 있답니다.

그럼 모두 마음을 활짝 열고 행복하게 배워 보자고요!

차례

감수의 글 · · · · · · · · · · · 005
추천의 글 · · · · · · · · · · · 006
시작하며 · · · · · · · · · · · 009

1 이 책을 활용하는 법

2 과학

춤추는 건포도 · · · · · · · · · · · 030
유리병이 풍선을 불어요 · · · · · · · · · · · 032
떨어지는 오렌지 · · · · · · · · · · · 035
다이빙하는 케첩 · · · · · · · · · · · 038
부글부글 로켓 발사 · · · · · · · · · · · 040
봉지에서 콩이 자라요 · · · · · · · · · · · 042
병 안에 부는 회오리바람 · · · · · · · · · · · 044
옥수수 전분 모래 수렁 · · · · · · · · · · · 046
CD 호버크라프트 · · · · · · · · · · · 048
반짝반짝 소금 결정 정원 · · · · · · · · · · · 050
녹이 슬까, 안 슬까? · · · · · · · · · · · 052
빵 터지는 지퍼백 · · · · · · · · · · · 054
불에 안 타는 풍선 · · · · · · · · · · · 056
얼음낚시 · · · · · · · · · · · 058
꼬마 소화기 · · · · · · · · · · · 060
부풀부풀 비누 · · · · · · · · · · · 062
거품 폭발 · · · · · · · · · · · 064
물에 뜨는 과일 돛단배 · · · · · · · · · · · 066
물 안 새는 비닐봉지 · · · · · · · · · · · 068
무거운 종이 한 장 · · · · · · · · · · · 070
북극 동물들은 어떻게 따뜻하게 지낼까? · · · · · · · · · · · 072
껍데기를 벗은 날달걀 · · · · · · · · · · · 074
지퍼백 아이스크림 · · · · · · · · · · · 076
부글부글 용암 램프 · · · · · · · · · · · 078

오른쪽? 왼쪽?	080
사방으로 도망치는 후추	082
가라앉을까? 뜰까?	084
무지개 비바람	086
유리병에 하늘과 저녁놀을 담아요	088
음파 실험	090
깡통 잠수함	092
달걀 위를 걸어요	094
무엇이 물에 녹을까?	096
움직이는 무지개	098
이스트가 풍선을 불어요	100

3 기술

마법 숟가락	106
전기가 흐를까, 안 흐를까?	108
날아오르는 새	110
아침에는 철분을	112
바람으로 달리는 자동차	114
떠다니는 나침반	116
베이킹소다 쾌속정	118
저절로 휘어지는 물	120
레몬 건전지	122
자석으로 가는 자동차	124
종이 회로 미술 놀이	126
자석 꼭두각시 인형	130
자석으로 만든 추	132
전자석 만들기	134
티백 열기구	136
꼬마 번갯불	138
풍차 만들기	140
실 전화기	142

4 공학

풍선 대포 ······ 148
풍선으로 가는 자동차 ······ 150
나무 막대 다리 만들기 ······ 152
레이저 미로 만들기 ······ 154
빨대 롤러코스터 ······ 157
공중부양 탁구공 ······ 159
구슬 굴리기 놀이 ······ 162
달걀 떨어뜨리기 놀이 ······ 164
외륜선 만들기 ······ 166
팬플루트를 불어요 ······ 168
낙하산 날리기 ······ 170
간식으로 만든 건축물 ······ 173
종이비행기 날리기 ······ 176
털 방울 미끄럼길 ······ 178

도르래 장치 만들기 ······ 180
튼튼한 종이 기둥 ······ 182
빨대 고리 비행기 ······ 184
핑핑 도는 팽이 ······ 186
빨대 뗏목 ······ 188

5 예술

알록달록 비눗방울 그림 ······ 194
사탕 무지개 ······ 196
보글보글 흔들흔들 진자 ······ 198
얼음으로 새로운 색깔 만들기 ······ 200
춤추는 휴지 ······ 202
마법 우유 ······ 204
사인펜 잉크 색소 분리하기 ······ 206

자석으로 그림 그리기	208
무지개 색칠하기	210
기름이 밀어낸 수채화	212
얼음 미술	214
낙서 로봇	216
대칭 그림	218
채소 탈수기 미술 작품	220
유리병 실로폰	222

6 수학

내 달리기 속력은?	228
동전 위 물방울 지붕	230
캔 음료 빨리 식히기	232
얼마나 빨리 식을까?	234
내 폐활량은?	236
나무 막대 투석기	238
사라지는 얼음	240
팝콘 산수	242
드라이아이스 부피	244
온실 효과	246
옷걸이 양팔 저울	248
연필 해시계	250
자동차는 얼마나 멀리 갈까?	252
다이어트 콜라 거품 기둥	254
마치며	256
용어 설명	259

이 책을
활용하는 법

실험 페이지 소개

실험 제목
어떤 실험이 재미있을지 제목을 보고 골라 봐요.

실험 방법과 순서
실험 전에 실험 방법과 순서를 천천히 읽어 보세요.

실험 정보
이 실험과 연관되는 과학 개념과, 해당 개념이 교과서 속 어떤 단원에 실려 있는지 한눈에 볼 수 있어요. 또한 실험 난이도와 예상 시간을 표기해 두어, 실험을 예측할 수 있도록 했어요.

유리병이 풍선을 불어요

교과서 : 6학년 1학기 3단원 여러 가지 기체	실험 난이도 : 보통이에요
핵심 개념 : 압력(기체의 압력)	총 실험 시간 : 20분

온도와 압력은 어떤 관계가 있을까요? 여러분은 이 과학 실험을 통해 아주 멋지고 놀라운 과학 마법을 부리게 될 거예요. 또한 온도에 따라 압력이 어떻게 바뀌는지도 알게 된답니다. 친구들에게 이 실험을 보여 준다면, 여러분이 마법 학교에라도 다녀온 줄 알 거예요.

준비물
- 목이 좁은 유리병
- 물
- 오븐용 장갑
- 냄비 받침대
- 고무풍선
- 계량스푼

이런 점은 조심해요
뜨거운 물과 뜨거운 유리병을 다룰 때는 반드시 어른에게 도움을 받아야 해요. 유리는 아무리 뜨거워도 겉으로는 차갑게 보인다는 사실을 꼭 기억하고, 실험하는 내내 오븐용 장갑을 꼭 끼고 유리병을 만지도록 하세요.

실험 방법과 순서
1. 유리병에 물 1큰술을 넣습니다.
2. 유리병을 전자레인지에 넣고 1분간 데웁니다. 병이 너무 길어서 잘 들어가지 않으면, 전자레인지용 용기를 사용해서 용기 안에 대각선으로 뉘어 넣고 데웁니다.
3. 물이 담긴 유리병을 전자레인지에서 꺼낼 때는 매우 뜨거운 상태란 걸 기억하세요. 반드시 오븐용 장갑을 끼고 병을 집은 뒤, 미리 준비한 냄비 받침대 위에 이 뜨거운 병을 놓습니다.
4. 오븐용 장갑을 계속 낀 채로 고무풍선을 병 입구에 끼웁니다. 이때 풍선 몸통이 병 입구 가운데에 오게 하세요. 그리고 어떻게 되는지 지켜보세요.

이렇게 관찰해요
풍선은 어떻게 되었나요? 유리병을 전자레인지에서 꺼냈을 때, 어떤 변화를 관찰했나요?

32

준비물
실험에 필요한 준비물을 일목요연하게 정리해 두었습니다. 실험 전에 부족한 재료를 미리 준비해 보세요. 아니면 이미 가지고 있는 재료들을 떠올려 보고 실험을 진행할 수도 있겠죠.

이런 점은 조심해요
실험 전에 반드시 읽고 따라야 할 부분이에요. 실험을 진행할 때 주의해야 할 점들을 적어 두었답니다.

이렇게 관찰해요
실험 과정에서 발생하는 여러 변화 중에서도 어떤 점을 집중해서 봐야 할지 적어 두었어요.

응용해 봐요

해당 실험을 응용하거나 살짝 변형하면 더 많은 것을 배울 수 있어요.

⭐ **응용해 봐요**

이 실험에서 배운 원리를 이용해, 어떻게 하면 풍선을 병 밖으로 꺼낼 수 있을까요?

❓ **무슨 원리일까요**

온도와 압력은 정비례합니다. 여기서 정비례란 '온도가 올라가면 압력도 같이 올라간다.'는 뜻이에요. 유리병에 들어 있는 물이 뜨거우면 압력은 커집니다. 그런데 온도가 내려가서 수증기가 다시 물방울로 변하면, 압력도 같이 줄어들어요. 그래서 물이 식으면 유리병 바깥쪽 압력이 유리병 안쪽 압력보다 더 커지게 돼요. 이 과정에서 진공이 생기고, 공기가 병 바깥쪽에서 안쪽으로 밀려들어 가면서 풍선도 함께 밀어 넣는답니다.

📖 **교과서 속 과학 개념**

온도와 압력

일정한 공간(물체) 안에 들어 있는 기체는 온도가 높아지면 활발하게 움직입니다. 기체가 여기저기 사방으로 움직이게 되면서 공간 바깥으로 밀어내는 힘을 주게 되지요. 반대로 온도가 낮아지면, 기체의 움직임이 작아져서 기체가 가하는 힘도 작아지게 되지요. 즉 압력이 낮아지는 거예요.
찌그러진 탁구공을 예로 들어 볼게요. 찌그러진 탁구공을 어떻게 하면 처음 모양으로 되돌릴 수 있을까요? 탁구공을 뜨거운 물에 담가 보세요. 탁구공이 저절로 부풀어 오르는 것을 볼 수 있을 거예요. 온도가 올라가면 탁구공 안에 있는 기체의 움직임이 활발해져서, 기체는 탁구공 바깥으로 나가려고 힘을 가하게 되지요. 이 힘에 의해서 찌그러진 탁구공이 처음 모양으로 펴지게 되는 거랍니다.

교과서 속 과학 개념

이 실험과 연관 있는 한국 교과서 속 과학 용어와 개념을 설명해 두었습니다.

실험 분류

과학(Ⓢ), 기술(Ⓣ), 공학(Ⓔ), 예술(Ⓐ), 수학(Ⓜ) 중 해당 실험과 연관이 깊은 분야를 표시해 두었습니다.

무슨 원리일까요

실험을 통해 변화나 움직임을 관찰했을 거예요. 그 변화나 움직임을 발생시킨 과학 원리를 설명해 두었습니다.

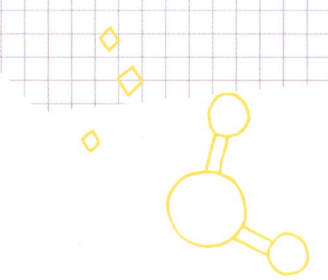

실험 준비하기

1단계 실험을 골라요

이 책에는 재미있는 실험이 풍성하게 나와 있으니 원하는 대로 골라서 하면 됩니다. 다 따로따로 해 볼 수 있는 실험들이라 어떤 순서로 실험을 할지는 중요하지 않아요. 그러니까 반드시 이 책에 나온 순서대로 실험할 필요는 없어요. 어른과 어린이가 한 팀을 이루어 시간을 정하고, 함께 어떤 실험이 가장 재미있고 흥미로워 보이는지 결정한 다음, 거기서부터 시작하면 됩니다.

2단계 재료를 준비해요

어떤 실험을 먼저 할지 정했으면, 그다음은 우선 준비물 목록부터 살펴보고, 어떤 재료를 준비해야 하는지 알아야겠죠. 이 책에서 사용하는 재료들은 보통 집에 있는 물건이 대부분이에요. 혹시 없는 재료가 있더라도 가까운 상점이나 인터넷에서 쉽게 구할 수 있답니다.

3단계 공책과 연필 챙겼나요

공책과 연필은 반드시 준비해야 해요. 유능한 과학자들은 꼼꼼하게 기록하고, 질문을 써 놓고, 그림도 그리고, 관찰한 내용을 적어 두고, 결과를 꼼꼼히 추적한답니다. 이런 좋은 습관을 지금부터 길러 배움도 재미도 최대로 얻어내도록 하세요.

4단계 어떤 실험인지 읽고 생각해요

모든 실험을 시작하기에 앞서 질문을 한두 개 던지며 전체 과정을 시작할 수 있도록 했어요. 필요한 준비물을 다 갖췄으면, 다 같이 둘러앉아 실험 맨 처음 글에 나오는 질문을 읽습니다. 여러분도 이 주제와 관련해 떠오르는 다른 질문들을 나름대로 생각해 보고, 떠오른 질문들은 적어 보세요.

5단계 가설을 세워요

이제 실험이 어떤 내용인지 잘 알게 됐다면, 가설을 세웁니다. 여기서 가설이란 '지식에 근거한 추측이거나 실험 과정에서 어떤 일이 생길지 미루어 생각한

의견'을 말해요. 이미 익숙하고, 또 어떻게 될지 결과까지 알 수 있는 실험이 나올 때도 가끔 있겠지만, 그래도 괜찮습니다. 만일 이미 알고 있다면, 그 지식을 바탕으로 가설을 세우고 세운 가설이 맞는지 다시 확인하면 되니까요. 과학자들도 원래 그렇게 한답니다.

가설은 "…하므로/해서 ~라고 생각합니다."와 같은 형식으로 세웁니다. 가설은 마구잡이로 내놓는 어림짐작이 아니라, 지식을 기반으로 추측한 가정입니다. 내가 이미 아는 내용을 쭉 생각해 보고, 추측을 뒷받침할 이유를 찾아 놓으세요.

예를 들어, 베이킹소다와 식초를 섞을 때는 "거품이 많이 생기므로 폭발이 일어날 것이라고 생각합니다."라는 가설을 세울 수 있습니다. 실제로 실험해 보면, 이 가설이 맞는지 확인할 수 있겠죠.

그런데 여러분이 세운 가설이 틀려도 괜찮아요. 이 책에 나오는 몇몇 실험은 아주 놀라워서, 예상과는 전혀 다른 결과를 만나게 될지도 모릅니다. 가장 만족스러운 재미와 배움은 이렇게 예상하지 못한 결과에서 나올 때가 종종 있다는 걸 기억하세요. 더 많은 질문을 하고 더 많은 답을 찾아내는 문은 사실 틀리고 실수할 때 열린답니다.

실험하기 전에, 먼저 난이도와 실험 시간을 살펴보고 할 만한지 확인하세요. 실험 대부분은 빨리 끝나고 결과도 곧바로 나오지만, 시간이 좀 많이 걸리는 실험도 몇 가지 있거든요.

6단계 〈이런 점은 조심해요〉는 꼭 읽어요

마지막으로 실험에 〈이런 점은 조심해요〉라고 쓰여 있는 내용은 꼭 읽습니다. 실험 중에는 아주 재미있지만 주위가 지저분해져서 반드시 바깥에 나가서 해야 하는 것들이 있어요. 또 도구를 사용할 때 꼭 어른에게 도움을 받거나, 실험 대상에서 좀 멀리 떨어져 있어야 할 때도 있습니다. 위험해질 가능성이 조금이라도 있으면 무조건 조심해야 해요.

다 됐으면, 이제 소매를 걷어붙이고 실험을 즐길 준비를 하면 됩니다.

본격 실험 시작

1단계 실험을 진행하며 기록해요

각 실험마다 〈실험 방법과 순서〉를 차근차근 쉽게 정리해 두었어요. 모든 실험은 여기에 나온 방법과 순서를 그대로 따라서 마치세요. 혹시 그중에 무엇이라도 바꾼 점이 있다면 그 내용을 자세하게 기록해 둡니다.

2단계 실험 후 생각하는 시간이 중요해요

실험을 다 마쳤으면 시간을 충분히 들여 〈이렇게 관찰해요〉 부분에 나오는 질문을 읽고 답해 보세요. '내가 세운 가설은 옳았나?', '실험 과정에서 어떤 놀라운 또는 흥미로운 사실을 알게 되었는가?', '어떤 결과가 왜 나왔다고 생각하나?' 등등 이런 여러 가지 질문과 내가 생각하는 답을 적고, 또 더 깊이 알고 싶은 내용도 기록합니다.

3단계 〈무슨 원리일까요〉를 꼭 읽어요

실험에서 〈무슨 원리일까요〉는 꼭 읽어야 해요. 우리 눈에 보이는 현상 뒤에 있는 과학을 이 부분에서 이해하기 쉽게 설명하니까요. 바로 이 내용이 우리 세상에 존재하는 과학에 생명을 불어넣는답니다.

방금 진행한 실험과 연관이 있는 과학 개념을 〈교과서 속 과학 개념〉에 소개하고 좀 더 자세한 내용을 설명해 두었어요. 실험을 통해 미리 경험하고 가면 과학 시간이 더욱 즐거워질 거예요.

이 책에는 이제 막 시작하는 과학자들이 배워야 할 과학 용어가 많이 나옵니다. 단어들은 책 뒷부분 〈용어 설명〉에 모아서 정의를 해 두었어요. 혹시 모르는 단어가 여기 나오지 않았다면, 인터넷이나 사전도 찾아보세요.

4단계 응용해서 추가 실험도 해 봐요

〈응용해 봐요〉에서는 더 실험해 볼 만한 발상들을 다양하게 제시하고 있어요. 여기에서는 내 지식을 한데 모아 더 많은 실험을 스스로 설계하고 실행할 수도 있어요. 그 실험에서 배운 내용을 활용해 질문을 더 던지고, 직접 새로운 실험도 만들어서 해 보세요.

5단계 어떤 분야에 관련된 실험이었는지 찾아봐요

융합인재교육 요소들은 서로 밀접하게 이어져 있어서 여러 분야가 관련되는 실험이 많아요. 예를 들면, 발사대가 있는 나무 막대 투석기 실험에는 위치와 운동 에너지 지식(과학), 단순 기계 지식(기술), 기계 제작 지식(공학), 설계에 필요한 창조적 사고(예술), 발사체 비행 거리 측정 방법(수학) 등이 필요하죠. 실험이 여러 분야와 관련이 있을 때는 실험 정보 부분에 관련 분야를 표시하고, 또 아래쪽 페이지 숫자 부분에 색깔이 다른 동그라미로도 표시해 두었어요.

실험이 실패로 끝나도 괜찮아요

혹시 실험이 생각대로 되지 않더라도 실망하지 마세요. 실패란 새로운 것을 배우고 발견하는 소중한 기회랍니다. 실패한 실험의 원인이 무엇인지 문제를 풀고, 몇몇 변수도 바꿔서 다시 실험해 보세요. 이 책에서 제안하는 실험은 모두 결과와 상관없이 어른이나 어린이 모두 즐기는 활동이고, 그 사실이 무엇보다 큰 장점이니까요.

2

과학

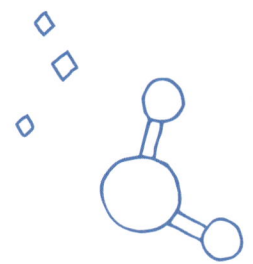

그럼 이제 놀라운 것들을 만들고 발견할 준비가 되었나요?

이 장에서는 입으로 풍선을 불지 않고도 부풀게 하고, 무지개 비바람을 만들고, 간단한 화학 반응을 이용해 비닐봉지를 터뜨리고, 달걀 껍데기를 녹이고, 소금 결정으로 정원을 만드는 등, 정말 다양한 실험을 하게 될 거예요.

여기에서 필요한 실험 준비물들은 대체로 어느 집에나 있는 물건들이에요. 하지만 두 가지 재료는 새로 사야 할지도 모르겠습니다. '거품 폭발'(64쪽) 실험에는 6%(20볼륨) 과산화수소가 필요한데, 과산화수소는 미용용품점이나 인터넷에서 살 수 있어요. 또한 '깡통 잠수함'(92쪽) 실험에서는 1m 비닐 호스가 필요한데, 비닐 호스는 철물점이나 인터넷에서 사면 됩니다.

그리고 새싹 과학자들이라면 과학 실험을 할 때 꼭 기억해야 할 몇 가지 지침이 있어요.

첫째, 항상 질문하세요. 그것도 아주 많이 하세요. 지루한 과학 실험과 흥미진진한 과학 실험 사이에 차이가 있다면, 바로 올바른 질문을 하느냐 하지 않느냐랍니다. "왜 이런 일이 생길까?" 그리고 "어떻게 이런 작용이 일어날까?" 같은 질문들을 종종 해야 해요.

둘째, 내가 한 질문을 바탕으로 실험을 더 해 보세요. 여러분은 앞으로 살아가면서 계속 질문을 던지고, 실험을 설계하고, 답을 찾는 탐구 활동을 하게 될 거예요. 이 장에 나오는 과학 실험들은 바로 그런 탐구 활동을 시작할 출발점이 됩니다.

셋째, 실패도 중요한 과정입니다. 혹시 실패한다면 제대로 가고 있다는 뜻입니다. 어떤 실험이 계획대로 되지 않으면 왜 그렇게 되었는지 묻고, 거기에서 배우면 됩니다. 문제가

무엇인지 파악해서 해결하고 몇 가지 변수를 바꿔 보세요. 실제 실험실에서도 과학자들은 제대로 되는 일보다 제대로 안 되는 일에서 훨씬 많이 배웁니다. 이 모두가 지식이고 올바른 길이니 낙담하지 마세요.

넷째, 결과를 계속 추적합니다. 내가 한 실험과 배운 점들을 공책에 전부 적어 두세요. 또 머릿속에 떠오른 질문과 추가 실험 아이디어도 적습니다. 실험 관련 그림도 그리고요. 혹시라도 어떤 변수를 바꿨다면 무엇을 바꾸었고, 그 결과가 어땠는지 기록하세요.

마지막으로 신나게 즐기세요. 새로운 것을 배우고 발견하는 일은 살면서 만나게 되는 가장 뿌듯한 경험입니다. 놀라움에서 기쁨을 찾고, '아하!' 하고 어떤 깨달음이 오는 순간들을 기억하세요.

춤추는 건포도

교과서 : 6학년 1학기 3단원 여러 가지 기체	실험 난이도 : 쉬워요
핵심 개념 : 부력	총 실험 시간 : 10분

건포도를 투명한 탄산음료에 넣으면 어떻게 될까요? 가라앉을까요, 뜰까요? 상상조차 하지 못한 결과가 나올지도 모르지만, 결과에 상관없이 달콤한 간식이 여러분을 기다리고 있을 거예요.

준비물

- ☐ 투명한 컵 2개
- ☐ 사이다 또는 트레비 같은 탄산음료
- ☐ 물
- ☐ 건포도

🧪 실험 방법과 순서

❶ 한 컵에는 탄산음료를, 다른 컵에는 물을 붓습니다. 이 실험에서는 탄산음료를 넣은 컵이 '실험군'이고, 물을 넣은 컵이 '대조군'입니다.

❷ 컵 2개 모두에 건포도를 한 알씩 차례차례 여러 번 넣습니다.

🔍 이렇게 관찰해요

물이 든 컵에 넣은 건포도는 탄산음료 컵에 넣은 건포도와 비교해서 어떻게 다른가요?

⭐ 응용해 봐요

탄산음료에 넣으면 춤을 출 작은 물체가 또 무엇이 있을까요? 구슬이나 다른 말린 과일, 옥수수, 팥, 작은 단추(지름 15mm 이하) 등으로도 실험해 볼 수 있어요.

❓ 무슨 원리일까요

탄산음료 속에 들어 있는 작은 이산화탄소 거품은 울퉁불퉁한 건포도 표면에 달라붙어요. 건포도에 있는 작은 주름 하나하나는 이산화탄소 방울이 잘 생길 수 있도록 자리를 마련해 준답니다. 이런 식으로 거품이 충분히 달라붙으면 건포도는 마치 조그마한 구멍 튜브를 수백 개 끼운 것처럼 컵 위쪽으로 떠오르게 됩니다. 이 거품들이 표면에서 터지면서 건포도는 다시 가라앉게 되고, 거품이 다시 달라붙을 수 있는 상태가 된답니다. 이런 상태가 반복되면서, 건포도가 컵 안에서 춤추는 효과가 생기는 거예요.

교과서 속 과학 개념

대조군, 실험군

여러분이 실험을 할 때 관찰되는 모습이 어떤 이유 때문인지 알아보기 위해서는 서로 비교할 대상을 정해야 합니다. 이때 아무것도 하지 않고 그대로 두는 것을 '대조군'이라고 해요. 반대로 대조군과는 다른 특별한 변화를 주는 것을 '실험군'이라고 하지요.

물이 든 컵에 넣은 건포도가 가라앉는 것을 보았지요? 하지만 이산화탄소가 들어 있는 탄산음료에서는 건포도가 오르락내리락하며 춤추는 것을 볼 수 있어요. 두 실험의 차이점은 이산화탄소의 유무(있는지, 없는지)입니다. 물과 비교했을 때, 탄산음료의 이산화탄소가 건포도를 춤추게 한다는 것을 알 수 있어요. 이번 실험에서는 물이 든 컵이 대조군이 되고, 탄산음료가 든 컵이 실험군이 되었어요. (탄산음료는 물에 이산화탄소를 넣은 것입니다. 물에 변화를 준 것이지요.)

부력

어떤 물체(건포도)는 중력('지구가 끌어당기는 힘'을 말해요. 여러분이 구슬을 놓으면 아래로 떨어지지요? 지구가 구슬을 끌어당기기 때문이에요.)에 의해 아래로 내려가려고 합니다. 이와 반대로 물체를 위로 뜰 수 있도록 도와주는 힘이 '부력'이에요. 이 실험에서는 건포도에 달라붙은 이산화탄소에 의해 부력이 커져서 건포도가 물 위로 뜨는 것을 관찰할 수 있답니다.

유리병이 풍선을 불어요

교과서 : 6학년 1학기 3단원 여러 가지 기체	실험 난이도 : 보통이에요
핵심 개념 : 압력(기체의 압력)	총 실험 시간 : 20분

온도와 압력은 어떤 관계가 있을까요? 여러분은 이 과학 실험을 통해 아주 멋지고 놀라운 과학 마법을 부리게 될 거예요. 또한 온도에 따라 압력이 어떻게 바뀌는지도 알게 된답니다. 친구들에게 이 실험을 보여 준다면, 여러분이 마법 학교에라도 다녀온 줄 알 거예요.

준비물

- 목이 좁은 유리병
- 물
- 오븐용 장갑
- 냄비 받침대
- 고무풍선
- 계량스푼

❗ 이런 점은 조심해요

뜨거운 물과 뜨거운 유리병을 다룰 때는 반드시 어른에게 도움을 받아야 해요. 유리는 아무리 뜨거워도 겉으로는 차갑게 보인다는 사실을 꼭 기억하고, 실험하는 내내 오븐용 장갑을 꼭 끼고 유리병을 만지도록 하세요.

🧪 실험 방법과 순서

❶ 유리병에 물 1큰술을 넣습니다.

❷ 유리병을 전자레인지에 넣고 1분간 데웁니다. 병이 너무 길어서 잘 들어가지 않으면, 전자레인지용 용기를 사용해서 용기 안에 대각선으로 뉘어 넣고 데웁니다.

❸ 물이 담긴 유리병을 전자레인지에서 꺼낼 때는 매우 뜨거운 상태란 걸 기억하세요. 반드시 오븐용 장갑을 끼고 병을 집은 뒤, 미리 준비한 냄비 받침대 위에 이 뜨거운 병을 놓습니다.

❹ 오븐용 장갑을 계속 낀 채로 고무풍선을 병 입구에 끼웁니다. 이때 풍선 몸통이 병 입구 가운데에 오게 하세요. 그리고 어떻게 되는지 지켜보세요.

🔍 이렇게 관찰해요

풍선은 어떻게 되었나요? 유리병을 전자레인지에서 꺼냈을 때, 어떤 변화를 관찰했나요?

⭐ 응용해 보요

이 실험에서 배운 원리를 이용해, 어떻게 하면 풍선을 병 밖으로 꺼낼 수 있을까요?

❓ 무슨 원리일까요

온도와 압력은 정비례합니다. 여기서 정비례란 '온도가 올라가면 압력도 같이 올라간다.'는 뜻이에요. 유리병에 들어 있는 물이 뜨거우면 압력은 커집니다. 그런데 온도가 내려가서 수증기가 다시 물방울로 변하면, 압력도 같이 줄어들어요. 그래서 물이 식으면 유리병 바깥쪽 압력이 유리병 안쪽 압력보다 더 커지게 돼요. 이 과정에서 진공이 생기고, 공기가 병 바깥쪽에서 안쪽으로 밀려들어 가면서 풍선도 함께 밀어 넣는답니다.

📖 교과서 속 과학 개념

온도와 압력

일정한 공간(물체) 안에 들어 있는 기체는 온도가 높아지면 활발하게 움직입니다. 기체가 여기저기 사방으로 움직이게 되면서 공간 바깥으로 밀어내는 힘을 주게 되지요. 반대로 온도가 낮아지면, 기체의 움직임이 작아져서 기체가 가하는 힘도 작아지게 되지요. 즉 압력이 낮아지는 거예요.

찌그러진 탁구공을 예로 들어 볼게요. 찌그러진 탁구공을 어떻게 하면 처음 모양으로 되돌릴 수 있을까요? 탁구공을 뜨거운 물에 담가 보세요. 탁구공이 저절로 부풀어 오르는 것을 볼 수 있을 거예요. 온도가 올라가면 탁구공 안에 있는 기체의 움직임이 활발해져서, 기체는 탁구공 바깥으로 나가려고 힘을 가하게 되지요. 이 힘에 의해서 찌그러진 탁구공이 처음 모양으로 펴지게 되는 거랍니다.

떨어지는 오렌지

교과서 : 5학년 2학기 4단원 물체의 운동	실험 난이도 : 쉬워요
핵심 개념 : 관성	총 실험 시간 : 10분

혹시 그릇이 잔뜩 쌓인 식탁에서 그릇은 깨뜨리지 않고 식탁보만 확 빼내는 모습을 어디선가 본 적이 있나요? 어떻게 그런 일이 가능할까요? 그와 비슷하지만 그릇을 깨뜨릴 염려가 없는 이번 묘기를 친구들 앞에서 멋지게 펼쳐 보이세요. 덤으로 관성도 배우고요.

준비물

- 물을 반쯤 채운 플라스틱 물통
- 엽서(두껍고 평평한 종이나 우드락, 플라스틱 판 등)
- 종이 관
  (키친타올, 쿠킹호일, 비닐랩 등에서 가운데 있는 원통형 종이 심)
  참고: 오렌지나 귤을 올려놓을 수 있는 것이면 돼요. 단, 종이 관이 너무 크면 무게가 많이 나가 관성이 크기 때문에 두루마리 휴지의 휴지심 같은 게 좋아요.
- 귤이나 오렌지

실험 방법과 순서

1. 물통 윗부분에 엽서를 놓고 실험을 준비합니다.
2. 종이 관을 엽서 위에 세웁니다.
3. 오렌지를 종이 관 위에 놓습니다.
4. 준비가 다 되면 엽서를 빠르게 확 잡아 빼내고, 그 뒤에 어떤 일이 일어나는지 관찰합니다.

주의: 엽서를 잡아 빼낼 때는 기울어지지 않도록 수평으로 잡아당겨야 해요. 기울어질 경우, 오렌지가 아래로 떨어지지 않고 물통 밖으로 떨어질 수도 있어요!

이렇게 관찰해요

엽서를 빼냈을 때, 어떤 일이 일어났나요?

❓ 무슨 원리일까요

뉴턴의 운동 제1법칙은 "정지한 물체는 가만히 내버려 두면 계속 움직이지 않고, 움직이는 물체는 불균형한 힘이 작용하지 않는 한 계속 움직인다."입니다. 이렇게 물체가 현재 운동 상태를 유지하려고 하는 성질을 '관성'이라고 하지요.

질량이 더 큰 물체에는 더 큰 관성이 있습니다. 즉, 더 무거운 물체가 가벼운 물체보다 운동 변화가 훨씬 어렵다는 뜻이에요.

종이 관은 가벼워서 관성이 그리 크지 않지만, 오렌지는 훨씬 무거워서 관성이 더 큽니다. 오렌지가 훨씬 무거우니 똑같이 잡아당겨도 그렇게 쉽게 움직이지 않고요. 그래서 오렌지는 원래 있던 위치에 그대로 머무르다가 물통 안으로 곧장 떨어지게 됩니다.

다시 말해, 종이 관은 관성이 작아서 물통 밖으로 떨어지고, 무게가 나가는 오렌지는 관성에 의해서 똑바로 아래로 떨어지게 되어 물통에 들어가게 됩니다.

⭐ 응용해 보요

실험에서 종이 관을 빼고 엽서 바로 위에 오렌지를 놓고 실험하면 어떻게 되나요? 종이 관을 놓았을 때와 같은 일이 벌어지나요? 왜 그럴까요? 자몽이나 멜론 등 오렌지보다 무거운 물체를 올려놓고 어떤 일이 벌어지는지 실험해 보세요.

교과서 속 과학 개념

관성

관성이란 물체가 운동 상태를 바꾸지 않으려고 저항하는 성질입니다. 보통 질량이 클수록 물체의 관성이 큽니다. 버스나 택시, 자동차를 타고 갈 때 갑자기 멈추는 경험을 해 본 적이 있지요? 그때 여러분의 몸은 어떻게 되었나요? 아마 몸이 앞으로 기울어지는 경험을 했을 거예요. 바로 관성 때문에 그래요. 여러분의 몸은 차와 함께 앞으로 움직이고 있었기 때문에, 갑자기 멈추면 관성에 의해 계속 앞으로 움직이려고 해서 몸이 앞으로 기울어지게 되는 거랍니다.

질량

질량이란 어떤 물체 안에 어떤 물질이 얼마나 있는지 측정한 양을 말해요. 질량은 장소나 상태에 따라 달라지지 않는 물질의 고유한 양이에요. 우리는 보통 무게를 많이 쓰지요? 우리가 흔히 사용하는 무게란 질량이 있는 물체를 지구가 끌어당기는 힘을 측정한 거예요. 즉, 질량이 큰 물체는 무게도 크게 측정되겠죠? 하지만 똑같은 질량이지만, 달에 가서 측정한다면 무게가 작게 나갑니다. 이유는 달이 물체를 끌어당기는 힘이 지구보다 작기 때문이에요. 만약 여러분이 몸무게가 많이 나가 고민이라면 달에 가서 몸무게를 측정해 보세요. 지금보다 훨씬 작게 나올 거예요. 하지만 여러분 신체의 질량은 변하지 않고 그대로라는 것을 잊지 마세요.

다이빙하는 케첩

교과서 : 3학년 1학기 2단원 물질의 성질	실험 난이도 : 쉬워요
핵심 개념 : 부피, 밀도	총 실험 시간 : 15분

자연 상태에서 물에 뜨는 물체를 손으로 건드리지 않고도 가라앉힐 수 있을까요? 이 실험으로 멋진 과학 마술도 배우고, 부피와 밀도의 관계도 알아봐요.

준비물

- ☐ 일회용 봉지 케첩 또는 머스터드
- ☐ 물을 채운 밥공기
- ☐ 뚜껑 있는 2L 페트병
- ☐ 물

🧪 실험 방법과 순서

❶ 먼저 물을 채운 밥공기에 일회용 케첩 또는 머스터드 봉지를 넣어 물에 뜨는지 확인합니다. 만일 가라앉으면 물에 뜨는 봉지를 찾을 때까지 계속 시험합니다.

❷ 물에 뜨는 케첩 봉지를 빈 페트병에 넣습니다.

❸ 페트병 입구까지 가득 찰 정도로 물을 담고 병뚜껑을 닫습니다.

❹ 이제 케첩 봉지가 병 맨 위쪽에 둥둥 떠 있어야 합니다. 그런 상태가 되었으면 양손으로 병을 잡고 최대한 세게 누릅니다.

🔍 이렇게 관찰해요

양손으로 병을 꽉 누르면 케첩 봉지는 어떻게 되나요? 눌렀던 손을 놓으면 또 어떻게 되나요?

⭐ 응용해 봐요

병에 든 물에 소금 2~3큰술 정도 넣고 실험을 다시 해 보세요. 소금물로 하면 케첩 봉지가 움직이는 모양이 바뀌나요?

❓ 무슨 원리일까요

일회용 봉지 케첩이나 머스터드를 공장에서 밀봉하는 과정에서 종종 봉지 안에 작은 공기 방울이 갇히게 되는데요. 이 작은 공기 방울만 있으면 봉지 전체가 물에 둥둥 뜨기에 충분하지요. 하지만 페트병을 꽉 누르면 봉지 안에 있던 공기는 더 좁은 공간으로 눌리게 되면서 밀도가 훨씬 높아집니다. 이 압력을 멈출 때까지 케첩 봉지가 병 바닥으로 가라앉게 된답니다.

📖 교과서 속 과학 개념

부피

부피는 어떤 물체 또는 물질이 차지하고 있는 공간의 크기를 말해요.

밀도

밀도는 어떤 물질이 빽빽하게 모여 있는 정도를 말합니다. 물체의 무거운 정도를 뜻하기도 합니다. 같은 부피의 물질을 비교하였을 때, 무게가 많이 나가는 물체의 밀도가 더 높다고 표현합니다. 같은 양의 물과 철을 비교하면 철이 더 무겁습니다. 철의 밀도가 더 높은 것이지요. 그래서 철은 물에 뜨지 않고 가라앉습니다. 스티로폼의 경우, 같은 양의 물보다 가볍습니다. 물보다 밀도가 낮은 것이지요. 그래서 스티로폼은 물 위에 뜨게 된답니다.

부글부글 로켓 발사

교과서 : 6학년 1학기 3단원 여러 가지 기체
핵심 개념 : 화학 반응
실험 난이도 : 쉬워요
총 실험 시간 : 30분

주변에서 흔히 볼 수 있는 화학 반응을 활용해 나만의 로켓을 발사할 수 있을까요? 로켓 실험을 통해 압력이 어떤 것인지 배워 봐요. 또 압력이 담긴 용기 안쪽 힘이 바깥보다 더 세지면 어떻게 되는지도 알아보세요.

준비물

- 엠앤엠즈(M&M's) 미니 튜브 용기
  (이 제품을 구하지 못하면 똑딱이 방식으로 뚜껑을 여닫는 작은 통이면 다 됩니다. 그중에서도 발포 비타민 원통 용기나 35mm 필름 통이 가장 좋아요.)
- 가위
- 발포 비타민 1정
- 물

❗ 이런 점은 조심해요
날아오는 로켓에 맞지 않도록, 로켓을 발사할 때는 되도록 멀리 떨어져 있어야 합니다. 이 실험은 주위가 조금 어질러져도 괜찮은 바깥에서 하세요.

🧪 실험 방법과 순서

1. 우선 주위를 좀 어질러도 괜찮은 바깥으로 나갑니다.
2. 준비한 통을 들고 뚜껑과 몸통이 이어져 있다면 그 부분을 가위로 잘라 분리합니다. 뚜껑을 통에서 완전히 뗄 수 있게 만들어야 해요.
3. 발포 비타민 1정을 통에 넣습니다.
4. 통에 물을 3/4쯤 채우고 뚜껑을 닫습니다. 로켓을 거꾸로 뒤집어(뚜껑이 아래로 향하도록) 땅에 놓고 몇 발자국 물러섭니다.
5. 잠시 기다리며 로켓이 발사되는 모습을 지켜봅니다.

🔍 이렇게 관찰해요
로켓이 발사됐을 때, 어떻게 되었나요? 발사 전에는 어떤 점이 눈에 띄었나요?

⭐ 응용해 봐요

이번에는 로켓에 집어넣는 물과 발포 비타민 양을 달리해 보세요. 그러면 발사 속도나 발사 높이가 달라지나요? 또 물 온도를 달리해서 로켓에 어떤 영향을 주는지 실험해 봐요.

❓ 무슨 원리일까요

이 로켓 발사에서 중요한 점은, 발포 비타민이 물에 녹을 때 일어나는 화학 반응입니다. 발포정은 시트르산(구연산)과 탄산수소나트륨(베이킹소다)으로 만드는데, 이 두 물질이 물에서 녹을 때, 반응하면서 이산화탄소를 만들어요. 이산화탄소가 많이 발생할수록 통 안쪽 압력이 커지게 되고, 결국에는 통이 뚜껑을 밀어내어 로켓이 발사된답니다.

📖 교과서 속 과학 개념

화학 반응

화학 반응이란 하나 이상의 물질이 다른 물질로 바뀌는 과정을 말해요. 화학 반응이 일어나면, 처음 물질의 성질이 사라지고 새로운 물질이 나타납니다. 탄산수소나트륨(베이킹소다)은 시트르산(구연산)과 같은 산성 물질과 만나면, 화학 반응에 의해 처음의 성질이 사라지고 이산화탄소라는 새로운 물질이 나타나요. 시트르산 대신 산성을 띠는 식초를 사용해도 화학 반응에 의해 이산화탄소가 발생하지요.

주변에서 자전거, 놀이기구 등 철로 된 제품이 녹이 슨 것을 볼 수 있지요? 철은 공기 중의 산소, 수증기(물)와 만나면, 화학 반응으로 붉은 녹이 슬어요. 이 밖에도 식물의 광합성, 의약품의 합성, 소화, 연소 등 여러 가지 화학 반응이 있답니다.

봉지에서 콩이 자라요

- **교과서** : 4학년 1학기 3단원 식물의 한살이
  5학년 2학기 2단원 생물과 환경
- **핵심 개념** : 식물과 광합성
- **실험 난이도** : 쉬워요
- **총 실험 시간** : 7~10일

식물이 자랄 때 햇빛은 어떤 영향을 줄까요? 캄캄한 곳에 있는 씨앗과 햇빛을 받는 씨앗은 싹을 틔우는 시간이 같을까요? 이 간단한 실험으로 한번 알아봐요.

준비물

- 지퍼백 2장
- 종이행주 2장
- 마른 콩 한 줌 (강낭콩, 검은콩, 흰 강낭콩 등)

실험 방법과 순서

1. 종이행주를 지퍼백에 들어갈 크기로 접습니다.
2. 종이행주를 물에 적셔 지퍼백에 한 장씩 넣으세요.
3. 각 지퍼백에 마른 콩을 몇 알씩 넣고 입구를 꽉 닫습니다.
4. 지퍼백 하나는 볕이 잘 드는 곳에 놓되, 절대로 만지지 마세요. 다른 지퍼백은 옷장 안처럼 볕이 전혀 들지 않는 곳에 둡니다.
5. 매일 콩 상태를 확인하면서 관찰한 내용을 기록합니다.

이렇게 관찰해요

7~10일 후에 각 지퍼백에 담긴 콩들은 상태가 얼마나 달라지나요? 아니면 얼마나 비슷한가요? 며칠째부터 콩에 싹이 나기 시작하나요?

⭐ 응용해 보요

콩을 넣은 지퍼백을 하나 더 준비해 이번에는 냉장고에 넣습니다. 종이행주는 젖은 상태를 똑같이 유지하고, 옷장 안, 볕이 잘 드는 곳에 둔 콩과 비교했을 때 냉장고에 넣은 콩은 또 어떻게 다른지 관찰해 보세요.

❓ 무슨 원리일까요

마른 콩은 쉽게 말해 콩 작물 씨앗이에요. 이 씨앗이 싹을 틔우려면 온기와 물, 산소가 필요해요. 봉지에 넣은 씨앗은 어두운 곳에 있든 볕이 드는 곳에 있든 발아에 필요한 요소는 다 갖추고 있어요. 그렇지만 싹이 나기 시작하면 광합성으로 영양분을 만들기 위해서 반드시 햇빛이 필요하지요.

📖 교과서 속 과학 개념

식물과 광합성

광합성은 햇빛의 에너지를 이용하여 이산화탄소와 물에서 녹말과 같은 영양분을 만드는 과정입니다. 식물은 광합성을 통해 이산화탄소로 영양분을 만들고, 동물들이 살아가는 데 필요한 산소를 만드는 중요한 역할을 하므로 소중히 보호해야 합니다.

여기서 잠깐! 사람도 햇빛을 이용하여 광합성을 한다면 영양분을 쉽게 얻을 수 있지 않을까요? 하지만 안타깝게도 식물은 광합성에 필요한 엽록소라는 중요한 세포를 가지고 있지만, 사람에게는 이 엽록소가 없기 때문에 광합성을 할 수가 없습니다.

병 안에 부는 회오리바람

교과서 : 5학년 2학기 3단원 날씨와 우리 생활
핵심 개념 : 압력 평형

실험 난이도 : 쉬워요
총 실험 시간 : 20분
관련 분야 : 공학

회오리바람을 병 안에 가둘 수 있을까요? 몇 가지 간단한 물건을 페트병 안에 넣고 빙글빙글 돌려 봐요.

준비물

- 2L 페트병 2개
- 물
- 작은 플라스틱 구슬 또는 단단히 작게 뭉친 종이 여러 개
- 와셔(똬리쇠)
- 강력 접착테이프

실험 방법과 순서

1. 페트병 하나에 물을 3/4쯤 채우고 구슬 몇 개를 병에 넣습니다. (그래야 회오리바람이 더 잘 보여요.)
2. 페트병 주둥이에 와셔를 끼웁니다.
3. 남은 페트병을 들어 입구가 와셔 위에 올라가게 해서 맞붙입니다.
4. 이제 강력 접착테이프를 이용해 병 2개를 고정합니다.
5. 붙인 병들을 뒤집어 빈 병을 밑으로 가게 하고, 어떻게 되는지 관찰합니다.
6. 위쪽 병에서 아래쪽 병으로 물이 다 빠져 나왔으면 다시 뒤집으세요. 이번에는 붙인 병을 둥글게 빙빙 돌리면서 어떻게 되는지 관찰합니다.

이렇게 관찰해요

어떤 방법을 썼을 때, 물이 위쪽 병에서 아래쪽 병으로 더 빨리 빠지나요?

교과서 속 과학 개념

압력 평형

압력 평형은 물체에 작용하는 여러 압력이 균형을 이루는 상태를 말합니다. 이 실험에서, 페트병 안의 물은 중력에 의해서 아래쪽 페트병으로 내려오려고 합니다. 반면에 아래쪽 페트병의 공기는 위쪽으로 이동하려고 하지요. 이 과정에서 물의 압력과 공기의 압력이 같아지는 압력 평형 상태가 되기도 합니다.

높은 산에 오르거나 비행기를 탔을 때 귀가 멍멍해지는 경험이 있지요? 이것은 귀의 내부와 외부의 압력 차이 때문인데요. 이때 침을 삼키거나 코를 막은 상태로 숨을 내쉬면 귀의 멍멍함이 어느 정도 해소될 수 있어요. 이것이 바로 압력 차이를 줄여서 압력 평형을 이루게 된 것이랍니다.

⭐ 응용해 봐요

물을 한 병에서 다른 병으로 전부 옮기려면 어떤 방법이 가장 빠를까요? 병을 흔들기도 하고, 누르기도 하고, 그냥 가만히 놓아두기도 하면서 어떤 방법을 썼을 때 가장 효과가 좋은지 알아봐요.

❓ 무슨 원리일까요

붙인 병들을 빙빙 돌리면 소용돌이가 일어나면서 공기가 들어와 물이 빠져나가기가 더 쉬워집니다. 만일 이런 소용돌이가 없으면 공기와 물이 번갈아 병 입구를 통과해서 흘러나가야 하는데, 그러다가 압력 평형, 즉 아무것도 움직이지 않는 상태가 될 수도 있답니다.

옥수수 전분 모래 수렁

교과서 : 3학년 1학기 2단원 물질의 성질	실험 난이도 : 쉬워요
핵심 개념 : 비뉴턴 유체, 뉴턴 유체	총 실험 시간 : 30분

모래 수렁(유사)이 어떤 원리로 작용하는지 알고 있나요? 모래 수렁은 압력을 받으면 굳어지는 성질이 있어서, 빠지기는 쉬워도 빠져나오기는 몹시 어려워요. 이 실험은 아이들이 정말 좋아하지만 주변이 좀 지저분해지는 단점이 있어요. 이 실험을 하면서 직접 모래 수렁도 만들고, 그 독특한 성질도 배워 봐요.

준비물

- 전분 섞을 큰 그릇
- 옥수수 전분(옥수수 녹말)
- 물
- 식품 착색제
- 구멍 뚫린 숟가락, 소쿠리, 주방용 체, 깔때기, 기타 주방용품

 실험 방법과 순서

❶ 큰 그릇에 옥수수 전분과 물을 2:1로 섞습니다. 예를 들어, 전분이 1컵이면 물은 1/2컵 넣습니다.

❷ 좀 더 재미있게 하려면 식품 착색제 몇 방울을 떨어뜨려 잘 섞습니다.

❸ 섞은 재료를 탐구하면서 즐겁게 놉니다. 손에 쥐고 공을 만든 다음 구멍 뚫린 숟가락 위에 놓거나, 소쿠리에 넣고 납작하게 해서 어떻게 되는지 관찰해 보세요.

이런 점은 조심해요

이 실험은 얼마나 깊이 들어가느냐에 따라 주위가 아주 지저분해질 수 있어요. 실험과 놀이가 끝나면 옥수수 전분을 섞은 재료는 꼭 쓰레기통에 버려야 합니다. 이 재료를 싱크대에서 물로 씻어 내려고 하면 배수구가 막혀요.

🔍 이렇게 관찰해요

모래 수렁을 꽉 누르면 어떻게 되나요? 또 손에 쥐었다가 놓으면 어떻게 되나요?

⭐ 응용해 봐요

재료에 섞는 옥수수 전분 양을 늘리거나 줄여 보세요. 그러면 모래 수렁의 움직임이 어떻게 바뀌나요?

❓ 무슨 원리일까요

옥수수 전분으로 만든 모래 수렁은 힘을 가하면 점성이 커지고, 힘이 없어지면 점성이 적어지므로 비뉴턴 유체를 보여 주는 아주 좋은 예입니다. 꿀과 같은 뉴턴 유체는 이와는 정반대 성질을 가지고 있어요. 꿀은 따뜻하면 점성이 줄어들고, 차가우면 점성이 커진답니다.

📖 **교과서 속 과학 개념** ✏️

비뉴턴 유체, 뉴턴 유체

물과 같이 가하는 힘의 크기에 상관없이 같은 성질을 유지하는 유체(기체, 액체)들을 '뉴턴 유체'라고 합니다. '비뉴턴 유체'는 옥수수 전분처럼 액체의 모습이었다가 강한 힘을 가하면 고체와 같은 성질을 나타내는 유체들을 말합니다.

우리 주위에 액체 같기도 하고, 고체 같기도 한 이상한 물질들을 '우블렉'이라고 부르기도 하는데요. '우블렉'이란 이름은 《바르톨로뮤와 우블렉》이라는 책에서 나오는 하늘에서 떨어진 질척거리는 초록색 물질에서 유래되었습니다.

CD 호버크라프트

교과서 : 3학년 2학기 4단원 물질의 상태
핵심 개념 : 호버크라프트
실험 난이도 : 보통이에요
총 실험 시간 : 30분
관련 분야 : 공학

물에서도 육지에서도 이동할 수 있는 호버크라프트는 어떻게 움직일까요? 어떻게 거친 땅을 거침없이 미끄러져 갈까요? 몇 가지 생활용품으로 작은 모형을 만들어, 실제 호버크라프트가 어떻게 움직이는지 한번 알아봐요.

준비물

- ☐ CD 또는 DVD
- ☐ 피피 캡(pull-and-push cap, 어린이 음료나 주방용 세제 용기에 많이 쓰는, 밀어 올리고 내려 여닫는 병뚜껑)
- ☐ 강력 접착테이프
- ☐ 고무풍선

🧪 실험 방법과 순서

❶ 우선 CD나 DVD를 딱딱한 식탁이나 마루 위에 평평하게 올려놓은 상태에서 밀어 보고, 얼마나 미끄러지다가 멈추는지 거리를 확인합니다.

❷ 이제 호버크라프트를 만들 거예요. 피피 캡을 CD 가운데 구멍 위에 놓고, 공기가 통하지 않게 사방에 접착테이프를 붙여 틈을 막습니다.

❸ 피피 캡을 아래로 꾹 눌러 닫힌 상태로 둡니다.

❹ 풍선을 불고 입구 부분을 단단히 꼬아 잠시 바람이 빠지지 않게 막아 둡니다.

❺ 풍선 입구를 피피 캡 위로 가져가 바람이 빠지지 않게 조심스럽게 끼우세요. 이때 위치를 잘 조정해 풍선이 CD 중앙에 오도록 똑바로 세웁니다.

❻ 완성된 호버크라프트를 매끄러운 표면에 놓고 피피 캡을 위로 올려 열린 상태를 만듭니다. 호버크라프트를 민 뒤, 잠시 기다려 어떻게 되는지 관찰해 보세요.

🔍 이렇게 관찰해요

CD 호버크라프트로 움직일 때와 그냥 CD로 움직일 때 어떻게 다른가요? CD 호버크라프트와 일반 CD를 각각 한 번씩 밀어 보세요. 각각 얼마나 멀리 이동하고 나서 멈추나요?

⭐ 응용해 보요

CD 호버크라프트에 무엇을 더하면 성능이 더 좋아질까요? 다양한 재활용품을 붙여서 호버크라프트가 표면에서 더 높이 뜨게, 또는 더 오랜 시간 움직이게 만들 수 있는지 실험해 보세요.

❓ 무슨 원리일까요

풍선에서 바람이 빠지면서 생긴 공기 흐름은 저항이 없는 공간을 만들어서 CD 호버크라프트가 마찰 없이 표면 위로 미끄러져 가게 합니다. 공기가 표면을 밀어 누르고, 동시에 CD를 살짝 들어 올려서 바닥에서도 매끄럽게 움직이게 하지요. 우리가 만든 작은 CD 호버크라프트는 평평한 표면에서 그저 짧은 거리만 움직이지만, 덩치가 큰 호버크라프트들은 울퉁불퉁한 땅이든, 눈 위든, 물 위든, 어떤 지형에서도 매끄럽게 이동한답니다.

📖 교과서 속 과학 개념

호버크라프트

호버크라프트는 배의 밑바닥에서 뿜어져 나오는 강력한 바람을 이용해 물이나 땅 위에 떠서 달리는 배를 말해요. 호버크라프트는 물 위에 떠서 움직이기 때문에, 물의 저항을 받지 않아 빠르게 움직일 수 있어요. 또한 공중에 살짝 뜨기 때문에, 평평한 땅 위에서도 자유롭게 움직인답니다.

공기 흐름

공기 흐름은 공기의 압력이 높은 곳에서 낮은 곳으로 이동하는 현상을 말해요. 일상생활에서는 압력차에 의한 공기의 이동을 '바람'이라고 부르지요. 호버크라프트에서는 프로펠러로 강한 바람을 배 밑으로 뿜어내면, 공기가 이동하면서 공기 쿠션을 만들어 물 위에 뜨게 합니다.

반짝반짝 소금 결정 정원

교과서 : 5학년 1학기 4단원 용해와 용액
핵심 개념 : 결정, 용액

실험 난이도 : 보통이에요
총 실험 시간 : 12시간

자연에 존재하는 결정에는 종류가 아주 많습니다. 예를 들면 다이아몬드, 황철석, 자수정, 석영 등도 다 결정체지요. 이런 결정이 어떻게 자라는지 혹시 궁금하게 생각해본 적 있나요? 소금 결정으로 직접 정원을 가꾸면서 알아봐요.

준비물

- 엡섬 소금
- 뜨거운 수돗물
- 계량컵
- 투명 유리병
- 작은 털 방울(퐁퐁이)

실험 방법과 순서

1. 계량컵으로 엡섬 소금 1컵을 유리병에 옮겨 담습니다.
2. 아주 뜨거운 수돗물을 1컵 계량하여 소금 위에 붓습니다.
3. 소금과 물을 잘 섞습니다. 이때 바닥에 녹지 않은 소금이 약간 남아 있어도 괜찮아요.
4. 준비한 털 방울을 유리병에 집어넣고 휘젓습니다.
5. 유리병을 냉장고에 넣은 다음, 만지지 말고 그대로 둔 채 하룻밤 놔두세요.
6. 다음 날 아침에 결정이 생겼는지 확인합니다. 유리병 속 물을 살살 따라내고, 생긴 결정을 꼼꼼하게 살펴보세요.
7. 결정들은 손으로 만져 봐도 괜찮습니다. 단, 굉장히 부서지기 쉬우니까 조심해서 만져야 해요.

이렇게 관찰해요

결정 모양은 어떤가요? 털 방울은 어떤 모습이 되었나요?

응용해 보요

다른 물건으로도 결정을 만들어 모양이 얼마나 비슷한지, 아니면 다른지 비교해 보세요. 엡섬 소금 대신 베이킹소다나 일반 소금, 붕사 등을 사용해 볼 수 있습니다. 그런데 이렇게 다른 재료들을 사용할 경우, 결정이 생기려면 냉장고에 조금 더 오래 두어야 할 수도 있어요.

무슨 원리일까요

소금은 미지근하거나 차가운 물보다 뜨거운 물에서 더 잘 녹아서 불안정한 과포화 용액을 만들어요. 그리고 이 용액이 식으면서 용액에서 소금 분자가 나와 달라붙을 만한 표면 위에서 쉽게 결정을 만들고요. 만든 용액에 털 방울을 넣은 이유는 핵 생성 자리, 다시 말해 결정이 달라붙어 쉽게 자랄 만한 울퉁불퉁한 표면을 마련하기 위해서입니다.

용액

용액은 두 가지 이상의 물질이 골고루 섞여 액체와 같은 형태로 된 혼합물을 말합니다. 용액에서 녹아 있는 물질을 '용질'이라 부르고, 녹인 액체는 '용매'라고 해요. 이 실험에서 소금물은 용액, 소금은 용질, 물은 용매가 됩니다.

과포화 용액

우리가 식사를 평소보다 많이 하여 배가 너무 부르면 과식했다고 말하지요? 과포화 용액이란 용질이 정해진 양보다 더 많이 녹아 있는 용액을 말합니다. 용매에는 온도에 따라 녹을 수 있는 양이 정해져 있는데요. 이 양보다 더 많은 양이 녹아 있어서 불안정한 용액을 과포화 용액이라고 합니다.

교과서 속 과학 개념

결정

입자가 일정하게 배열되어 규칙적인 형태를 가지고 있는 고체를 말합니다. 현미경으로 소금의 결정을 관찰하면 상자 모양(육면체)을 볼 수가 있어요. 또 우리가 겨울에 볼 수 있는 눈을 현미경으로 관찰하면 여러 가지 아름다운 모양을 볼 수도 있답니다.

녹이 슬까, 안 슬까?

- **교과서**: 5학년 2학기 5단원 산과 염기
  6학년 1학기 3단원 여러 가지 기체
- **핵심 개념**: 산화
- **실험 난이도**: 쉬워요
- **총 실험 시간**: 7일

왜 어떤 물건은 녹이 슬고, 어떤 물건은 녹이 슬지 않을까요? 녹은 대체 왜 생길까요? 재미있는 과학 탐구를 하면서 그 답을 찾아봐요.

준비물

- 종이컵 여러 개
- 물
- 집에 있는 다양한 금속 물건
  (못, 압핀, 옷핀, 종이 클립, 머리핀, 동전, 스테이플러 심 등)

🧪 실험 방법과 순서

1. 종이컵 여러 개에 물을 절반쯤 채웁니다.
2. 컵 하나에 금속 물건을 하나씩 넣습니다.
3. 7일 동안 매일 이 컵들을 확인하고 관찰한 내용을 기록합니다.

🔍 이렇게 관찰해요

어떤 물건이 가장 많이 녹슬었나요? 처음 생각과 많이 다른 점이 있었나요?

⭐ 응용해 보요

이번에는 같은 금속 물체 2개를 가지고 실험해 봅니다. 종이컵 2개를 준비해 하나는 정수한 물에, 다른 하나는 소금물에 넣고 관찰해 보세요. 소금물과 일반 담수를 비교했을 때, 산화 속도에 차이가 있나요?

❓ 무슨 원리일까요

녹은 '산화철'이라고 부르는 붉은 기가 도는 갈색 물질로, 철이 산소를 만나서 생깁니다. 이 화학 반응을 '산화'라고 하지요. 물속에는 산소가 있어서 녹이 스는 과정이 더 빨라져요.

📖 교과서 속 과학 개념 ✏️

산화

산소와 다른 물질이 만나서 반응하는 것을 '산화'라고 합니다. 반대로 어떤 물질에서 산소를 떼어 내는 것을 '환원'이라고 해요. 철은 산소와 만나면 화학 반응을 통해, 우리가 흔히 말하는 녹(산화철)이 됩니다. 녹이 슬지 않게 하려면 산소와 만나지 않게 하면 된답니다. 여러분 주변에 있는 놀이터의 놀이기구를 살펴보면 모두 페인트칠이 되어 있을 거예요. 이것은 산소와 만나서 철이 산화되어 녹이 스는 것을 방지하는 효과가 있어요.

빵 터지는 지퍼백

★ 교과서 : 5학년 2학기 5단원 산과 염기
6학년 1학기 3단원 여러 가지 기체
핵심 개념 : 이산화탄소

실험 난이도 : 쉬워요
총 실험 시간 : 15분

혹시 베이킹소다와 식초로 화산을 만든 적이 있나요? 만약 이 두 재료를 비닐 지퍼백에 넣어서 꼭 닫으면 어떻게 될까요? 압력이 커지는 모습을 지켜보면서 베이킹소다와 식초가 만나 일으키는 화학 반응을 배워 보세요. 웃음이 빵 터지는 재미있는 실험을 시작해 보자고요!

준비물

- 비닐 지퍼백
- 식초
- 두루마리 휴지
- 베이킹소다
- 계량컵, 계량스푼

❗ 이런 점은 조심해요
베이킹소다를 넣고 지퍼백을 꼭 닫은 뒤에는, 반드시 지퍼백에서 멀찍이 떨어져 있어야 해요.

🧪 실험 방법과 순서

❶ 이 실험을 하기 위해서는 반드시 밖으로 나가거나, 아니면 집에서 조금 지저분해져도 괜찮은 곳으로 갑니다.

❷ 우선 계량컵으로 식초 1/2컵을 지퍼백에 붓습니다.

❸ 두루마리 휴지를 2칸 정도 뜯어, 그 위에 베이킹소다를 계량스푼으로 1큰술 올려놓습니다. 휴지로 베이킹소다를 잘 싼 뒤 끝을 배배 꼬아 작은 주머니 모양으로 만드세요.

❹ 휴지로 싼 베이킹소다 주머니를 식초가 든 지퍼백에 재빨리 넣고, 지퍼백을 완전히 꽉 닫습니다.

❺ 지퍼백을 몇 번 흔들어 바닥에 놓은 뒤 몇 발자국 뒤로 물러서서 관찰합니다.

🔍 이렇게 관찰해요
지퍼백은 어떻게 되었나요? 베이킹소다와 식초가 만나 반응할 때, 어떤 점이 눈에 띄었나요?

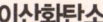 응용해 보요

변수들을 바꿔 다양한 방법으로 실험해 보고, 어떻게 하면 지퍼백이 가장 잘 터질 수 있는지 알아보세요. 베이킹소다와 식초는 양을, 지퍼백은 크기를 다르게 해서 실험해 보세요.

 무슨 원리일까요

베이킹소다와 식초를 섞으면 서로 반응해서 이산화탄소 가스를 만들어 냅니다. 이 이산화탄소가 지퍼백을 점점 채우면서 지퍼백 속 압력이 높아지죠. 그러다 압력이 아주 높아져서 지퍼백이 더는 그 압력을 안에 담아 두지 못할 정도가 되면, 결국 지퍼백이 빵 터지게 되는 거예요.

📖 교과서 속 과학 개념 ✏️

이산화탄소

우리는 매일 숨을 쉬죠? 이산화탄소는 우리가 숨을 내쉴 때 많이 포함되어 있는 기체예요. 이산화탄소는 색깔이 없고 냄새가 나지 않는 기체로, 압력을 가하면 액체 상태로 만들 수 있으며, 더 큰 압력을 가하면 고체 상태인 드라이아이스를 만들 수 있어요. 드라이아이스는 아이스크림을 포장할 때 넣어 주는 얼음처럼 생긴 고체를 말해요. 이산화탄소는 탄산음료나 액체 소화기에 넣어 이용되고, 식물이 광합성을 할 때도 이용된답니다.

불에 안 타는 풍선

교과서 : 6학년 2학기 3단원 연소와 소화	실험 난이도 : 쉬워요
핵심 개념 : 물의 전도성, 발화점	총 실험 시간 : 20분
	관련 분야 : 수학

작은 불꽃 위에 풍선을 대고 있으면, 어떻게 될까요? 이 실험으로 물의 전도성을 배우고, 풍선과 작은 양초만 가지고 놀라운 과학 마술을 펼쳐 봐요.

준비물

- 고무풍선 2개
- 성냥
- 작은 양초
- 차가운 물

이런 점은 조심해요

성냥과 불은 항상 아주 조심해서 다뤄야 해요. 이 실험을 할 때는 어른에게 도움을 요청하세요.

실험 방법과 순서

1. 풍선을 불어 끝을 묶습니다.
2. 성냥으로 작은 양초에 불을 붙입니다. 양초 불꽃 위에 풍선을 대고 어떻게 되는지 지켜보세요.
3. 다른 풍선에는 차가운 물을 몇십 밀리리터 넣은 다음, 불어서 묶습니다.
4. 이번에는 물을 채운 풍선을 천천히 양초 불꽃에 가져다 대고 어떻게 되는지 지켜보세요.

이렇게 관찰해요

물을 채워서 분 풍선은 어떻게 되었나요? 그냥 분 풍선과 다른 점은 무엇이 있었나요?

⭐ 응용해 보요

물을 풍선에 넣기 전에 온도계로 물의 온도를 잽니다. 실험을 마친 뒤에는, 풍선을 컵 위에 대고 터뜨려 거기에서 나온 물을 받아 온도를 다시 측정합니다. 온도가 몇 도나 올랐나요?

❓ 무슨 원리일까요

이 실험에서는 물이 불꽃에서 나오는 열을 빨아들여 풍선을 타지 않는 상태로 유지하는 역할을 하고 있어요. 그렇기 때문에 풍선이 터지려면 이 물이 뜨거워져서 더는 풍선에서 열을 전도하지 못하는 상태가 되어야 해요.

📖 교과서 속 과학 개념

물의 전도성

전도성이란 물질이 열이나 전기를 얼마나 잘 옮기는가를 나타내는 성질을 말해요. 물은 전기와 열을 이동시키는 성질이 있습니다.

발화점

발화점은 물질에 열을 가했을 때 타기 시작하는 온도예요. 고무풍선 안에 물이 있으면 불꽃의 열이 고무풍선을 태우는 데 사용되지 못하고, 물에 전달되어 물의 온도가 높아지게 됩니다. 물은 100도가 되면 끓게 되는데, 끓는 동안에는 100도를 유지하게 된답니다. 그러므로 고무풍선에 계속 열을 가해도 고무풍선 안의 물이 끓어서 전부 증발되어 없어질 때까지는 불에 타지 않는답니다.

얼음낚시

교과서 : 4학년 2학기 2단원 물의 상태 변화	실험 난이도 : 쉬워요
5학년 1학기 4단원 용해와 용액	총 실험 시간 : 20분
핵심 개념 : 어는점, 암염	

눈이 많이 내린 후에, 사람들이 길이나 도로, 계단 등에 제설제를 뿌리는 모습을 본 적이 있을 거예요. 제설제로 염화칼슘이나 소금 등이 주로 쓰이는데, 이렇게 얼음에 소금이 섞이면 어떤 일이 일어날까요? 끈 하나로 얼음낚시를 하면서 알아보자고요. 뭘 잡을지 기대가 되나요?

준비물

- 물을 채운 컵
- 얼음 조각
- 끈 또는 실
- 일반 소금

🧪 실험 방법과 순서

1. 물을 채운 컵에 얼음 조각 몇 개를 넣습니다.
2. 끈을 얼음 조각 위에 놓되, 되도록 컵에 넣은 얼음 조각 하나하나에 다 닿게 합니다.
3. 얼음 조각과 끈 위에 소금을 약간 뿌립니다.
4. 1분 동안 기다립니다. 이제 끈을 컵에서 살살 잡아 빼면서 무엇이 낚였는지 확인해 보세요.

🔍 이렇게 관찰해요

얼음 조각이 한 번에 몇 개나 얼어붙나요?

⭐ **응용해 보요**

얼음낚시에 다른 소금을 쓰면 어떻게 될까요? 엡섬 소금이나 베이킹소다, 암염 등을 이용해 보세요.

❓ **무슨 원리일까요**

얼음물에 소금을 넣으면 소금이 어는점을 낮추는 역할을 해요. 순수한 물은 0℃에서 얼지만, 물에 소금을 넣으면 소금 분자들이 물 분자들 사이에 끼어들면서 어는점이 몇 도 낮아집니다. 다시 말해, 소금이 얼음을 녹게 하는 거예요. 소금이 얼음 조각들을 녹이는 과정에서 얼음 안에 작은 길이 여러 개 뚫리는 모습도 볼 수 있어요.

하지만 이 실험에서는 소금을 아주 조금만 사용하기 때문에 얼음 주변에 있는 물이 금방 다시 얼어붙게 되고, 얼음을 따라 끈도 같이 얼어붙게 만들지요. 그래서 시간이 조금만 지나면 얼음이 끈에 달라붙게 된답니다.

📖 **교과서 속 과학 개념**

어는점

어는점(빙점)은 어떤 액체의 온도를 낮출 때, 고체로 상태가 변화하기 시작하는 온도를 말해요. 우리는 보통 어는점이라고 하면, 물이 얼음이 되는 온도를 이야기하죠? 하지만 여러 가지 액체의 종류에 따라 어는점이 다르답니다.

바닷물의 경우, 소금이 들어 있어 강물보다 어는점이 낮은데, 날씨가 추운 겨울에 강물은 꽁꽁 얼지만, 바다는 얼지 않는 이유입니다. 가끔 기온이 매우 낮은 날에는 바닷물이 얼기도 한답니다.

암염

암염은 '돌소금'이라고도 불러요. 보통 소금은 바닷물을 증발시켜서 얻게 되죠. 그렇다면 바다가 없는 지역에서는 어떻게 소금을 구했을까요? 바로 자연 상태에 존재하는 암염을 채취해서 사용했어요. 암염은 바닷물에서 얻는 소금보다 좀 더 짜다고 해요.

꼬마 소화기

- 교과서 : 6학년 1학기 3단원 여러 가지 기체
  6학년 2학기 3단원 연소와 소화
- 핵심 개념 : 산소, 소화
- 실험 난이도 : 보통이에요
- 총 실험 시간 : 15분

소화기는 어떤 식으로 작동해서 불을 끌까요? 부엌에 있는 몇 가지 재료만 사용해서 나만의 꼬마 소화기를 만들 수 있어요. 이 꼬마 소화기로 작은 불꽃을 꺼 보고, 화학 반응을 활용한 새로운 방법도 배워 봐요.

준비물

- ☐ 500㎖ 컵 또는 밀폐 유리병
- ☐ 계량스푼
- ☐ 식초 5큰술
- ☐ 베이킹소다 1/2큰술
- ☐ 성냥
- ☐ 작은 양초

❗ 이런 점은 조심해요

성냥과 불은 항상 아주 조심조심 다뤄야 해요. 이 실험을 할 때는 어른에게 도와달라고 부탁하세요.

🧪 실험 방법과 순서

1. 준비한 식초를 컵에 붓습니다.
2. 성냥으로 작은 양초에 불을 붙입니다.
3. 준비한 베이킹소다를 식초에 넣습니다.
4. 컵을 양초 위로 빠르면서도 조심스럽게, 비스듬히 대면서 불을 끕니다. 이때 식초 혼합물이 컵 밖으로 쏟아지지 않은 상태로 불을 꺼야 합니다.

🔍 이렇게 관찰해요

과연 무엇이 불꽃을 꺼뜨렸을까요? 작은 불꽃에 입김을 불면 왜 불이 꺼진다고 생각하나요?

⭐ 응용해 봐요

베이킹소다와 식초의 양을 달리하면 어떻게 반응이 바뀌는지 관찰해 보세요.

 교과서 속 과학 개념

산소
산소는 공기의 주요 성분이면서 맛과 빛깔, 냄새가 없는 물질로, 사람이 숨을 쉬는 데 꼭 필요한 기체예요. 산소는 물에 잘 녹지 않으며, 다른 물질이 잘 타게 도와줍니다.

불을 끄는 다양한 방법(소화)
불을 끄기 위해서는 탈 물질을 없애거나, 공기(산소)의 공급을 막아 줘야 해요. 또 탈 물질의 온도를 낮추어도 불을 끌 수 있어요.
이산화탄소는 공기보다 무거워 산소의 공급을 막아 불을 끄게 도와줘요. 가스레인지 밸브를 잠가서 불을 끄는 것은 탈 물질을 없애는 방법이고, 물을 뿌려서 불을 끄는 것은 온도를 낮추는 방법이에요.

❓ 무슨 원리일까요

불꽃이 계속 타려면 산소가 필요해요. 그래서 불을 끄려면 산소가 흐르지 못하게 끊거나 산소를 다른 무언가로 대신하면 되지요. 이 실험에 작용하는 화학 반응에서는 베이킹소다와 식초 혼합물이 이산화탄소 가스를 만들게 돼요. 혼합물에서 부글부글 올라오는 것이 바로 이산화탄소 가스예요. 이산화탄소는 공기보다 무거워서 불꽃 위로 바로 떨어지는데요. 이것이 컵 밖으로 흘러나오면서 산소를 대신하게 되고 불을 꺼뜨리는 거예요. 소화기에는 다른 화학 물질들도 들어 있지만, 무엇보다 이산화탄소가 있어서 큰불을 끌 수 있답니다.

부풀부풀 비누

교과서 : 3학년 1학기 2단원 물질의 성질	실험 난이도 : 쉬워요
핵심 개념 : 밀도	총 실험 시간 : 20분
	관련 분야 : 수학

고체 비누는 물에 가라앉나요, 둥둥 뜨나요? 또 비누를 전자레인지에 넣고 돌리면 어떻게 될까요? 모든 비누가 똑같은 모습을 보일까요? 단순하지만 놀라운 이 과학 실험에서 다양한 비누의 성질을 알아보고, 또 여러 고체 비누들이 어떻게 다른지도 비교해 봐요.

준비물

- 물을 채운 큰 그릇
- '아이보리' 비누
- 다양한 브랜드 비누(고체 미용 비누)
- 전자레인지용 접시

🧪 실험 방법과 순서

1. 아이보리 비누를 물을 채운 큰 그릇에 집어넣고 가라앉는지 뜨는지 관찰하고 그 내용을 기록합니다.

2. 준비한 다른 비누들도 하나씩 물에 넣어 보고, 가라앉는지 뜨는지 실험합니다.

3. 이제 아이보리 비누를 전자레인지용 접시에 넣어 1분간 돌리고, 전자레인지 문을 들여다보면서 관찰합니다. 어떤 일이 일어나나요?

4. 다른 비누들도 하나씩 1분간 전자레인지에 돌립니다.(혹시라도 비누 타는 냄새가 나면 곧바로 전자레인지를 꺼야 합니다.) 비누마다 관찰한 내용을 기록합니다.

❗ 이런 점은 조심해요

비누를 전자레인지에 넣었다가 꺼내면 아주 뜨거워서, 곧바로 맨손으로 만져서는 절대 안 돼요. 또 비누를 전자레인지에 넣고 돌리다가 타는 냄새가 나면 그 즉시 꺼야 합니다.

🔍 이렇게 관찰해요

전자레인지에 비누를 넣고 돌릴 때, 각 비누 밀도와 그 비누가 보이는 반응 사이에 혹시 무슨 관계가 있나요?

⭐ 응용해 봐요

전자레인지에 넣고 돌리기 전과 후에, 비누 무게를 잽니다. 무게가 변하나요? 왜 그럴까요?

❓ 무슨 원리일까요

아이보리 비누는 제조 과정에서 혼합물을 마구 저으며 공기를 잔뜩 넣는다고 해요. 그래서 작은 공기층 여러 개가 안에 갇혀 비누를 더 가볍게 하고, 거품도 많이 나게 만들죠. 이 공기층 때문에 아이보리 비누는 물보다 밀도가 낮아져서 물에 뜨게 됩니다.

아이보리 비누를 전자레인지에 돌리면 마치 오븐에 넣어 커진 수플레처럼 풍성하게 부풀어요. 비누 속 공기층에 달라붙은 물 분자가 뜨거워지면서 수증기로 변하기 때문이지요. 그리고 이 수증기가 비누에서 빠져나오면서 비누를 불룩하게 부풀립니다.

다른 비누들도 조금씩 다르지만, 안에 어느 정도는 공기가 들어가 있어요. 다른 비누들도 실험해 보고, 아이보리 비누와 비교해 어떻게 비슷하거나 다른지 알아보세요.

📖 교과서 속 과학 개념

밀도

밀도는 어떤 물질이 빽빽하게 모여 있는 정도를 말합니다. 물체의 무거운 정도를 뜻하기도 합니다. 같은 부피의 물질을 비교하였을 때, 무게가 많이 나가는 물체의 밀도가 더 높다고 표현합니다. 같은 양의 물과 철을 비교하면 철이 더 무겁습니다. 철의 밀도가 더 높은 것이지요. 그래서 철은 물에 뜨지 않고 가라앉습니다. 스티로폼의 경우, 같은 양의 물보다 훨씬 가볍습니다. 물보다 밀도가 낮은 것이지요. 그래서 스티로폼은 물 위에 뜨게 된답니다.

공기층

공기층이란 공기가 모여 이루어진 층입니다. 아이보리 비누는 비누 안에 많은 공기층이 있어서, 다른 비누들에 비해 가볍습니다.

거품 폭발

교과서 : 6학년 1학기 3단원 여러 가지 기체
핵심 개념 : 분해, 촉매, 발열 반응
실험 난이도 : 쉬워요
총 실험 시간 : 15분

과산화수소는 왜 갈색 병에 담겨 있을까요? 이번 실험에서는 과산화수소의 성질을 이용해 분해를 유도하고, 또 아주 근사한 거품 폭발도 일으켜서 촉매가 어떤 식으로 작용하는지 배워 볼 거예요.

준비물

- □ 500㎖ 유리병 또는 페트병
- □ 주방용 세제
- □ 식품 착색제
- □ 계량컵, 계량스푼
- □ 6%(20볼륨) 과산화수소 1/2컵
  (미용용품 전문점이나 약국, 인터넷에서 구매)
- □ 제빵용 접시 또는 제빵용 쟁반
- □ 작은 비닐 지퍼백
- □ 건조 이스트 1작은술
- □ 차가운 물 2큰술
- □ 깔때기

🧪 실험 방법과 순서

❶ 준비한 병에 주방용 세제와 식품 착색제를 한 번씩 꾹 짜서 넣고, 준비한 과산화수소도 부은 뒤 잘 섞습니다.

❷ 내용물이 넘칠 때를 대비해 병을 제빵용 접시나 제빵용 쟁반 위에 놓습니다.

❸ 지퍼백에 건조 이스트 1작은술과 차가운 물 2큰술을 넣고 잘 섞습니다.

❹ 이스트와 물 섞은 것을 ❶에서 만든 과산화수소 혼합물에 깔때기로 붓습니다. 반응이 즉시 일어나므로 이 단계는 재빨리 끝내야 합니다.

❺ 병에서 거품 혼합물이 흘러나오지만, 착색제로 물들인 비눗물이라서 만져도 안전합니다. 단, 발열 반응이 있으므로 병은 조금 따뜻할지도 몰라요.

❗ 이런 점은 조심해요

과산화수소는 피부를 자극하거나 옷감 색을 바래게 할 수 있으니 매우 조심해서 다뤄야 해요.

판매하는 과산화수소는 빛에 노출되지 않게 보호하려고 대체로 갈색 플라스틱병에 담겨 나옵니다. 빛을 받으면 분해가 빨리 일어나기 때문이지요. (그래도 이스트만큼 폭발하듯이 빠르게 분해되지는 않아요!)

🔍 이렇게 관찰해요

이스트 혼합물을 과산화수소 용액에 넣었을 때, 어떤 일이 일어났는지 설명해 보세요. 이 결과를 보고 놀라진 않았나요?

⭐ 응용해 봐요

이스트 양을 달리해서 이 화학 반응을 다시 시험해 보세요. 이스트 양을 늘리면 그에 따라 생기는 거품이 더 많은가요, 더 적은가요?

❓ 무슨 원리일까요

과산화수소는 자연 상태에서 물과 산소 가스로 분해됩니다. 이 실험에서는 이스트 혼합물이 촉매로 작용해서, 그런 자연 반응이 조금 더 빨리 일어나게 돕는 역할을 해요. 산소 가스가 거품이 되어 병에서 아주 빠른 속도로 흘러나오면서 비눗물까지 같이 끌고 나와 사방을 어지럽혀 놓습니다.

📖 교과서 속 과학 개념 ✏️

분해
분해는 한 종류의 물질이 두 종류 이상의 물질로 나누어지는 화학 반응을 말합니다. 화학 반응에서 물질을 분해할 때는 촉매, 전기, 열 등을 이용합니다.

촉매
촉매는 화학 반응에서 반응이 일어나는 속도를 조절해 주는 물질을 말합니다. 과산화수소 분해가 잘 일어나게 해 주는 이스트와 같은 것을 '촉매'라고 합니다.

발열 반응
발열 반응은 열을 방출하면서 진행하는 화학 반응을 말합니다. 발열 반응이 일어나면 주위 온도가 올라갑니다. 반대로 열을 흡수하면서 진행하는 화학 반응을 '흡열 반응'이라고 하는데요. 이때는 주위 온도가 내려갑니다.
추운 겨울에 사용하는 손난로(핫팩)에는 철가루와 촉매가 들어 있는데요. 손난로 포장지를 뜯어서 흔들면 철이 산소와 만나 산화되면서 열이 발생합니다. 손난로는 이런 발열 반응을 이용한 제품이에요. 만약 손난로 안에 촉매가 들어 있지 않다면 어떤 일이 생길까요? 아마도 손난로가 따뜻해지기까지 아주 오랜 시간이 걸릴 거예요.

물에 뜨는 과일 돛단배

교과서 : 3학년 1학기 2단원 물질의 성질	실험 난이도 : 쉬워요
핵심 개념 : 밀도	총 실험 시간 : 20분

어떤 과일로 물에 뜨는 배를 만들 수 있을까요? 물에 뜨려면 과일 껍질이 그대로 붙어 있는 것이 중요할까요? 다양한 과일로 배를 만들어 보고, 그중에서 생각과는 전혀 다른 결과가 나오는 게 있는지도 알아봐요.

준비물

- 실험하고 싶은 다양한 과일
  (사과, 배, 오렌지, 키위, 바나나, 딸기, 자몽, 멜론 등)
- 과일칼
- 이쑤시개 여러 개
- 작은 삼각형 종이 여러 장
- 물을 채운 큰 그릇

❗ 이런 점은 조심해요

과일을 칼로 썰 때는 꼭 어른에게 도움을 받으세요.

🧪 실험 방법과 순서

1. 과일은 전부 절반으로 잘라 놓습니다. 그런 다음 과일 반쪽은 껍질을 벗기고, 나머지 반쪽은 껍질을 벗기지 않고 그대로 둡니다.

2. 삼각형 종이를 이쑤시개에 붙여 작은 돛을 여러 개 만듭니다. 잘라 둔 과일 조각에 모두 꽂을 만큼 만드세요.

3. 과일에서 칼로 자른 쪽에 돛을 하나씩 꽂되, 껍질을 벗기지 않은 조각에 꽂을 때는 이쑤시개가 과일 껍질을 뚫고 나가지 않게 매우 조심하세요.

4. 물을 채운 큰 그릇에 과일 조각을 하나씩 띄우고, 가라앉는지 뜨는지 봅니다.

🔍 이렇게 관찰해요

어떤 과일 돛단배가 가라앉고, 어떤 과일 돛단배가 뜨나요? 과일에 껍질이 있는지 없는지에 따라 결과가 달라지나요? 그중에서 생각과는 전혀 다른 결과가 나온 것도 있나요?

교과서 속 과학 개념

밀도

밀도는 어떤 물질이 빽빽하게 모여 있는 정도를 말합니다. 물체의 무거운 정도를 뜻하기도 합니다. 같은 부피의 물질을 비교하였을 때, 무게가 많이 나가는 물체의 밀도가 더 높다고 표현합니다. 같은 양의 물과 철을 비교하면 철이 더 무겁습니다. 철의 밀도가 더 높은 것이지요. 그래서 철은 물에 뜨지 않고 가라앉습니다. 스티로폼의 경우, 같은 양의 물보다 훨씬 가볍습니다. 물보다 밀도가 낮은 것이지요. 그래서 스티로폼은 물 위에 뜨게 된답니다.

⭐ 응용해 봐요

이번에는 과일을 더 얇게 잘라 보세요. 과일을 더 얇게 자르면 밀도도 달라지나요? 물에 뜨는 모습을 보고 확인해 보세요.

❓ 무슨 원리일까요

과일 중에서, 사과는 작디작은 공기층이 많이 있어요. 이 때문에 밀도가 물보다 낮아서 물에 뜨지요. 이런 과일들은 아주 좋은 돛단배가 된답니다.

오렌지 같은 과일들은 껍질을 벗겼을 때는 물보다 밀도가 더 높아져요. 그렇지만 껍질에는 공기층이 아주 많아서 과육과 껍질 사이에도 공기가 갇혀 있지요. 이런 과일들은 껍질이 있으면 물에 뜨지만, 껍질이 없으면 가라앉습니다. 물론 물보다 밀도가 높아서 껍질이 있든 없든 가라앉는 과일들도 있답니다.

물 안 새는 비닐봉지

교과서 : 3학년 1학기 2단원 물질의 성질	실험 난이도 : 쉬워요
핵심 개념 : 중합체	총 실험 시간 : 15분

뾰족하게 깎은 연필로 물을 가득 채운 비닐봉지를 찌르면 어떻게 될까요? 비닐봉지가 팡 터져서 주위가 온통 물바다가 되지 않을까요? 직접 실험해 보고 결과를 확인해 보세요. 할 수 있으면 물을 채운 봉지를 어른 머리 위에 놓고 시험해 봐요!

준비물

- ☐ 비닐 지퍼백
- ☐ 물
- ☐ 뾰족하게 깎은 연필 여러 자루

🧪 실험 방법과 순서

1. 비닐 지퍼백 3/4 정도까지 물을 채웁니다. 지퍼백에서 공기를 잘 빼내고 입구를 꽉 닫습니다.

2. 한 손에는 지퍼백을 들고, 다른 손에는 연필을 쥔 뒤 지퍼백을 찌릅니다. 연필이 반대편까지 완전히 뚫고 나가게 찔러야 해요.

3. 준비한 연필을 모두 사용해서 지퍼백을 찔러 관통시켜요.

🔍 이렇게 관찰해요

물이 조금이라도 흘러나왔나요?

⭐ 응용해 봐요

지퍼백이 아니라 일반 비닐봉지로 이 실험을 하면 어떻게 될까요? 물풍선으로 해 보면 어떨까요?

❓ 무슨 원리일까요

비닐봉지는 '저밀도 폴리에틸렌'이라고 하는 중합체로 만들었습니다. 연필로 비닐을 찌르면 뾰족하게 깎은 연필심이 중합체 사슬들을 누르며 통과하지만, 사슬을 망가뜨리지는 않아요. 이 사슬들은 아주 유연한 데다 연필 주위에 보호막 같은 것을 만들어서, 지퍼백에서 물이 흘러나오지 않게 해 준답니다.

📖 교과서 속 과학 개념

중합체
중합체는 간단한 단위체들이 연결된 고분자의 종류인데, 보통은 화학적인 합성에 의한 고분자를 말합니다. 폴리에틸렌은 간단한 화합물인 에틸렌들의 결합으로 만든 중합체입니다.

중합체 사슬
중합체를 이루고 있는 단위 분자들이 배열되어 있는 사슬 모양을 말해요.

무거운 종이 한 장

교과서 : 4학년 1학기 4단원 물체의 무게	실험 난이도 : 쉬워요
핵심 개념 : 중력	총 실험 시간 : 5분

종이 1장과 돌멩이 1개 중, 무엇이 바닥에 더 빨리 떨어질까요? 더 정확한 실험을 위해 조금 높은 곳에 올라서서 실험해 보세요.

준비물

- □ 준비물
- □ 종이 1장
- □ 돌멩이

❗ 이런 점은 조심해요

돌멩이로 다른 사람이나 다른 물건을 맞힐 만한 곳에서 이 실험을 하면 절대로 안 돼요!

🧪 실험 방법과 순서

❶ 한 손에는 종이 1장을, 다른 손에는 돌멩이를 쥐어 보세요. 어느 것이 더 무거운가요? 둘 중 어느 것이 바닥에 더 빨리 떨어질까요?

❷ 종이를 구겨 최대한 작고 단단하게 뭉칩니다.

❸ 종이와 돌멩이를 떨어뜨릴 만한 조금 높은 곳에 올라선 다음, 같은 높이에서 뭉친 종이와 돌멩이를 동시에 떨어뜨립니다.

🔍 이렇게 관찰해요

무엇이 먼저 떨어지나요?

⭐ 응용해 봐요

이제 무게가 같은 종이 2장을 가져와 1장은 아까처럼 구겨서 뭉치고, 다른 하나는 원래 종이 상태에서 동시에 같은 높이에서 떨어뜨립니다. 어느 것이 먼저 떨어지나요? 왜 그럴까요?

무슨 원리일까요

중력은 모든 물체를 지구로 끌어당겨요. 물체가 중력 때문에 가속하는 현상은 무게와는 상관없이 모든 물체에서 똑같이 일어난답니다. 다시 말해, 피아노든 대리석이든 같은 높이에서 떨어뜨리면 둘 다 같은 순간에 땅에 떨어진다는 뜻이에요.

 교과서 속 과학 개념

중력

중력이란 지구가 물체를 지구의 중심 방향으로 끌어당기는 힘입니다. 지구가 끌어당기는 힘에 의해서 공을 하늘로 던지면 다시 땅으로 떨어지게 되는 것이지요. 여러분이 공중으로 아무리 힘껏 뛰어도 중력에 의해서 다시 땅으로 내려오게 됩니다. 만일 중력이 없다면 여러분은 하늘 높이 날아가서 땅으로 돌아오지 못할 수도 있어요.

북극 동물들은 어떻게 따뜻하게 지낼까?

- 교과서 : 5학년 2학기 2단원 생물과 환경
  3학년 2학기 2단원 동물의 생활
- 핵심 개념 : 단열 효과
- 실험 난이도 : 쉬워요
- 총 실험 시간 : 20분

북극 동물들은 지구에서 가장 춥고 꽁꽁 얼어 있는 곳에서 어떻게 따뜻하게 지낼까, 혹시 궁금하지 않았나요? 지금 바로 부엌으로 가서 내가 바다코끼리나 북극곰이라고 생각하고 실험을 해 봐요.

준비물

- ☐ 얼음물을 가득 채운 큰 그릇
- ☐ 쇼트닝

실험 방법과 순서

❶ 아무것도 끼지 않은 맨 손가락을 얼음물에 담급니다. 너무 차가워서 손가락을 뺄 때까지, 몇 초나 버틸 수 있는지 시간을 재 보세요.

❷ 손가락을 얼음물에서 빼서 다시 따뜻하게 해 주세요.

❸ 다른 사람에게 도움을 받아 한 손가락에 쇼트닝을 두껍게 칠하세요. 맨살이 한 군데도 드러나지 않게 꼼꼼하게 칠해야 해요.

❹ 쇼트닝으로 완전히 칠한 손가락을 얼음물 그릇에 담급니다. 이번에는 얼마나 버틸 수 있는지 다시 시간을 재 보세요.

이렇게 관찰해요

쇼트닝을 칠한 손가락에 찬물이 느껴지나요? 쇼트닝을 칠한 뒤에는, 손가락을 얼음물에 얼마나 오래 담글 수 있었나요?

⭐ 응용해 봐요

손가락에 다른 물질들을 발라 보고, 쇼트닝과 같은 단열 효과가 있는지 알아보세요. 땅콩버터, 버터, 빵 조각, 휘핑크림 등을 이용해서 실험해 보세요.

❓ 무슨 원리일까요

쇼트닝은 동물성 지방으로 만듭니다. 바다표범이나 고래, 바다코끼리, 북극곰 같은 북극 동물들은 몸에 있는 지방층이 단열 효과를 내서 추위를 막을 수 있어요. 이 실험에서는 바로 그런 지방층을 흉내 내 보았어요. 단열 효과를 느꼈나요?

📖 교과서 속 과학 개념

단열 효과

단열이란 열의 이동을 막아 주는 것을 말해요. 사람과 외부와의 사이에서 열을 주고받지 않도록 해 주는 것이지요. 열은 온도가 높은 쪽에서 낮은 쪽으로 이동해요. 추운 곳에 있으면 동물들이 열을 빼앗기게 되겠죠? 동물들은 몸에 두꺼운 지방층이 있어서 열의 이동을 막아 주는 단열 효과로 인해, 영하의 추운 날씨에도 살 수가 있습니다. 사람은 동물처럼 지방층이 두껍지 않아서 추위에 약해요. 그래서 동물의 지방층처럼 단열 효과를 얻기 위해 두꺼운 옷을 입는답니다.

껍데기를 벗은 날달걀

교과서 : 5학년 2학기 5단원 산과 염기
핵심 개념 : 산과 염기
실험 난이도 : 쉬워요
총 실험 시간 : 24시간~5일

날달걀을 식초에 담그면 어떻게 될까요? 이 실험에서는 산과 염기 사이에서 일어나는 반응을 배우게 됩니다. 그리고 아마 전에 한 번도 본 적 없는 새로운 것을 만들게 될 거예요.

준비물

- ☐ 컵 또는 밀폐 유리병 3개
- ☐ 일반 식초
- ☐ 식품 착색제
- ☐ 날달걀 3개

❗ 이런 점은 조심해요

날달걀을 만진 뒤에는, 반드시 비누로 손을 씻으세요.

🧪 실험 방법과 순서

① 준비한 컵이나 병에 각각 달걀이 푹 잠길 만큼의 식초를 붓습니다.

② 식초를 부었으면 식품 착색제를 몇 방울 떨어뜨려 섞습니다.

> 참고: 식초에 달걀을 담그면 초란이 만들어지는데요. 착색제는 컵 3개에 각각 다른 색을 넣어도 되고, 같은 색을 넣어도 돼요. 여기서는 여러 가지 색깔의 초란을 만들기 위해 각각 다른 색을 넣었어요.

③ 이제 날달걀을 깨지지 않게 조심해서 식초가 담긴 컵에 하나씩 넣습니다.

④ 달걀 넣은 컵 3개를 냉장고에 하룻밤 넣어 둡니다. 몇 시간마다 컵을 확인하면서, 달걀이 어떻게 변하는지 살펴보세요.

🔍 이렇게 관찰해요

날달걀을 처음 식초에 담갔을 때, 어떤 점이 눈에 띄나요? 또 24시간 후에는 어떻게 되나요? 이 달걀을 만져 보면 느낌이 어떤가요?

교과서 속 과학 개념

산과 염기

산이란 산성을 띠는 물질을 말하고, 염기는 염기성을 띠는 물질을 말합니다. 산은 신맛이 나는 성질이 있어요. 염기는 쓴맛이 나고, 만지면 미끈거리는 성질이 있습니다. 산과 염기는 서로 만나면 산과 염기의 성질이 약해지거나 사라지게 됩니다.

어른들은 가끔 속이 쓰릴 때 제산제를 먹어요. 우리 몸의 소화기관인 위에서는 음식물의 소화를 돕는 산성 물질인 위액이 나오는데, 이 위액의 양이 너무 많으면 속이 쓰리게 돼요. 이때 염기인 제산제를 먹으면 위액의 산성을 약하게 해서, 속 쓰림을 줄여 준답니다.

⭐ 응용해 보요

컵 3개를 더 준비해서, 이번에는 투명한 액체로 채웁니다. 투명한 액체로는 액상 과당이나 꿀, 액체 손 세정제, 탄산음료, 소금물, 비눗물 등을 사용할 수 있어요. 매일 다른 용액에 날달걀을 담가 냉장고에 하룻밤 넣어 두었다가, 어떻게 되는지 관찰해 보세요.

❓ 무슨 원리일까요

식초는 '산'이고, 달걀 껍데기는 '탄산칼슘'이라고 하는 염기성 물질입니다. 그래서 식초에 넣은 달걀 껍데기는 녹지요. 달걀 껍데기는 칼슘과 탄산염 성분으로 되어 있는데, 이 고체 탄산칼슘 결정들을 식초가 분해하거든요. 칼슘은 자유롭게 떠다니지만, 탄산염이 반응을 일으켜 이산화탄소를 만듭니다. 실험에서 달걀 껍데기 표면에 보이는 작은 공기 방울들이 바로 이 이산화탄소예요.

지퍼백 아이스크림

- 교과서 : 4학년 2학기 2단원 물의 상태 변화
  5학년 1학기 4단원 용해와 용액
- 핵심 개념 : 어는점
- 실험 난이도 : 쉬워요
- 총 실험 시간 : 30분
- 관련 분야 : 수학

얼음에 소금을 넣으면 어떻게 될까요? 또 온도는 어떻게 변할까요? 직접 실험해서 변화를 측정해 보고, 덤으로 차갑고 맛있는 간식도 얻어 가세요.

준비물

- 큰 그릇 2개
- 소금 6큰술
- 작은 비닐 지퍼백
- 설탕 3큰술
- 큰 비닐 지퍼백
- 얼음 20컵(10컵씩 나누어 준비)
- 물 2컵(1컵씩 나누어 준비)
- 계량컵, 계량스푼
- 온도계
- 우유 1/2컵
- 바닐라 3/4작은술
- 숟가락

실험 방법과 순서

❶ 큰 그릇 하나에 얼음 10컵과 물 1컵을 섞습니다.

❷ 다른 그릇에는 얼음 10컵과 물 1컵, 소금 6큰술을 넣고 섞습니다.

❸ 몇 분 기다렸다가, 각 그릇에 온도계를 넣고 온도를 잽니다. 어느 쪽 온도가 더 낮은가요?

❹ 작은 지퍼백에 준비한 우유와 설탕, 바닐라를 넣습니다. 지퍼백에서 공기를 최대한 빼내고 꼭 닫으세요.

❺ ❷에서 만든 소금 얼음물을 큰 비닐 지퍼백에 옮겨 담습니다.

❻ ❹에서 만든 우유 혼합물 지퍼백을 소금 얼음물이 든 큰 지퍼백에 넣고, 큰 지퍼백도 완전히 꼭 닫습니다.

❼ 큰 지퍼백을 5~10분간, 또는 우유 혼합물이 부드러운 고체로 바뀔 때까지 열심히 흔듭니다.

❽ 우유 혼합물이 부드러운 고체로 바뀌었으면 큰 지퍼백을 열고, 작은 지퍼백을 꺼내 찬물에 헹굽니다. 꼭 닫아 둔 지퍼백 입구는 특히 조심해서 씻습니다.

❾ 자, 이제 지퍼백을 열고 숟가락으로 달콤한 간식을 맛보세요!

🔍 이렇게 관찰해요

소금 얼음물은 몇 도인가요? 어떻게 우유 혼합물이 그렇게 빨리 얼어서 아이스크림이 될까요?

⭐ 응용해 봐요

이번에는 작은 지퍼백을 소금 얼음물이 아니라, 냉동실에 10분간 넣은 뒤 관찰해 보세요. 두 실험 결과를 통해 어떤 점이 같고 다른지 비교해 보세요.

❓ 무슨 원리일까요

집에서 제대로 된 맛있는 아이스크림을 만들기 위해서는, 우유를 아주 살짝만 얼려야 하죠? 그런데 냉동실 온도는 대개 영하 12℃ 정도에 맞춰져 있어서, 우유를 냉동실에 직접 넣으면 굉장히 딱딱하게 얼어요. 그래서 먹어 보면 부드러운 크림 같은 느낌보다는 딱딱한 얼음 덩어리를 씹는 느낌이 들지요. 또 순수한 물은 0℃에서 얼지만, 우유는 단백질과 지방이 들어 있어서 어는점이 더 낮습니다. 다시 말해, 보통 얼음 조각을 사용해서 얼리려고 해도 아무 소용없다는 뜻이에요. 그런데 얼음에 소금을 더하면 어는점이 낮아져서 얼음을 녹입니다. 이렇게 되면 소금 얼음물은 오히려 0℃보다 온도가 훨씬 낮아져요. 소금 얼음물 온도는 실제로 영하 17℃에 가깝답니다!(온도계로 확인해 보세요.) 이 정도면 우유를 딱딱하게 얼리지는 않지만, 10분도 채 안 되는 시간에 부드러운 수제 아이스크림을 만들기에는 충분한 온도지요.

📖 교과서 속 과학 개념

어는점

어는점(빙점)은 어떤 액체의 온도를 낮출 때, 고체로 상태가 변화하기 시작하는 온도를 말합니다. 우리는 보통 어는점이라고 하면 물이 얼음이 되는 온도를 이야기하죠? 하지만 여러 가지 액체의 종류에 따라 어는점이 각기 다르답니다.

바닷물의 경우, 소금이 들어 있어 강물보다 어는점이 낮아요. 날씨가 추운 겨울에 강물은 꽁꽁 얼지만, 바다는 얼지 않는 이유입니다. 가끔 기온이 매우 낮은 날에는 바닷물이 얼기도 한답니다.

부글부글 용암 램프

교과서 : 6학년 1학기 3단원 여러 가지 기체
4학년 1학기 5단원 혼합물의 분리
핵심 개념 : 화학 반응, 밀도

실험 난이도 : 쉬워요
총 실험 시간 : 15분

발포 비타민을 물이 든 컵에 넣으면 어떻게 되지요? 만일 물 위에 올리브유로 층을 하나 더 얹으면 또 어떻게 될까요? 직접 용암 램프를 만들어 산과 염기를 배우고, 밀도를 실험하면서 즐겁게 놀아 봐요!

준비물

- ☐ 투명한 컵이나 밀폐 유리병
- ☐ 물
- ☐ 식품 착색제
- ☐ 식물성 기름(식용유)
- ☐ 발포 비타민
- ☐ 계량컵

실험 방법과 순서

❶ 물 1컵을 계량해 투명한 컵에 붓습니다.

❷ 물에 식품 착색제를 몇 방울 떨어뜨리고, 잘 섞이게 휘젓습니다.

❸ 식물성 기름 1컵을 계량해 물이 든 컵에 붓고, 기름이 어디에서 멈추는지 지켜봅니다.

❹ 발포 비타민 1알을 정확히 4조각으로 나눠 자릅니다. 물과 기름을 섞은 용액에 비타민 1/4조각을 넣고 어떻게 되는지 관찰합니다.

❺ 비타민 조각들을 차례차례 계속 넣으면서 용암 램프를 즐겨 보세요!

이렇게 관찰해요

물과 기름은 왜 안 섞일까요? 왜 기름은 위로 올라오고, 물은 아래로 가라앉을까요?

응용해 보요

다른 기름, 다른 투명 액체를 사용해서 용암 램프를 만든 뒤, 결과가 어떻게 달라지는지 알아보세요. 다른 기름으로는 올리브유와 광물성 기름을, 투명 액체로는 소독용 알코올이나 투명한 탄산음료를 사용할 수 있어요.

* **광물성 기름**: 석유, 휘발유, 윤활유, 화장품에 들어가는 미네랄 오일(존슨즈 베이비 오일) 등

❓ 무슨 원리일까요

발포 비타민 정제는 탄산수소나트륨(염기성 물질)과 건조 구연산(산성 물질)으로 만듭니다. 비타민을 물에 넣으면 이 두 물질이 섞이면서, 베이킹소다와 식초를 섞을 때처럼 반응하지요. 다시 말해 이산화탄소 가스를 만들어 내는데, 용암 램프에서 보이는 부글부글 끓어오르는 거품이 바로 이산화탄소랍니다. 이 거품들은 기름이 만든 층을 뚫고 올라오면서 물도 같이 조금 끌고 와요. 하지만 물과 기름이 섞이지 않으므로 물방울들은 다시 아래로 떨어지고 말아요. 마치 이 모습이 공기 방울들이 물과 기름 사이에서 재미있게 춤을 추는 것처럼 보인답니다.

📖 교과서 속 과학 개념 ✏️

화학 반응

화학 반응이란 하나 이상의 물질이 다른 물질로 바뀌는 과정을 말합니다. 주변에서 자전거, 놀이기구 등 주변의 철로 된 제품이 녹이 슨 것을 볼 수 있지요? 철은 공기 중의 산소, 수증기(물)와 만나면 화학 반응으로 붉은 녹이 습니다.

밀도

밀도는 어떤 물질이 빽빽하게 모여 있는 정도를 말합니다. 물체의 무거운 정도를 뜻하기도 합니다. 같은 부피의 물질을 비교했을 때, 무게가 많이 나가는 물체의 밀도가 더 높다고 표현합니다. 같은 양의 물과 철을 비교하면 철이 더 무겁습니다. 철의 밀도가 더 높은 것이지요. 그래서 철은 물에 뜨지 않고 가라앉습니다. 스티로폼의 경우, 같은 양의 물보다 가볍습니다. 물보다 밀도가 낮은 것이지요. 그래서 스티로폼은 물 위에 뜨게 된답니다. 물의 밀도를 1이라고 하면 식용유는 1보다 작은 0.9 정도 됩니다. 식용유가 물보다 밀도가 작은 것이지요. 그래서 밀도가 낮은 식용유는 물 위에 뜹니다.

오른쪽? 왼쪽?

교과서 : 6학년 1학기 5단원 빛과 렌즈	실험 난이도 : 쉬워요
핵심 개념 : 굴절	총 실험 시간 : 10분

빛이 물을 가득 채운 컵을 통과할 때 어떤 일이 벌어질까요? 이 기발한 과학 마술 실험으로 빛의 작용과 굴절을 배워 보세요.

준비물

- ☐ 종이
- ☐ 사인펜
- ☐ 접착테이프
- ☐ 기다란 투명 컵 또는 밀폐 유리병
- ☐ 물

🧪 실험 방법과 순서

❶ 종이에 사인펜으로 가로 방향 화살표를 하나 그립니다.

❷ 이 종이를 벽에 붙이거나, 아니면 책 같은 다른 물건에 기대어 세워 두세요.

❸ 빈 컵을 종이 앞에 두되, 컵을 통해 화살표가 보이게 합니다.

❹ 컵을 통해 보이는 화살표를 계속 관찰하면서, 천천히 컵에 물을 붓습니다. 이때 물은 반드시 화살표가 있는 곳보다 더 높이 올라가게 부어야 해요.

🔍 이렇게 관찰해요

컵에 부은 물이 화살표 위로 올라가면 화살표는 어떻게 되나요?

⭐ 응용해 보요

컵을 움직여 화살표 모양과 위치가 어떻게 바뀌는지 관찰해 보세요. 컵이 종이에서 더 가까울 때 바뀌나요, 더 멀 때 바뀌나요? 둥근 컵이 아니라 네모진 컵을 사용하면 어떨까요? 초점이 어디인지 짐작할 수 있나요?

❓ 무슨 원리일까요

빛은 컵을 통과해 지나가면서 굴절됩니다. 즉, 빛이 꺾여 다른 방향으로 휘어진다는 뜻이에요. 빛이 초점을 통과하면 왼쪽에 있던 빛은 오른쪽으로, 오른쪽에 있던 빛은 왼쪽으로 나옵니다. 이런 현상으로 물체가 반대 모습으로 보인답니다.

📖 교과서 속 과학 개념

굴절

굴절이란 빛이 꺾이는 것을 말해요. 빛은 한 물질에서 다른 물질로 나아갈 때, 두 물질의 경계에서 진행 방향이 꺾여요.

빛의 굴절을 이용한 대표적인 물건이 바로 렌즈예요. 돋보기로 작은 글씨를 보면 글씨가 크게 보이지요? 돋보기는 빛의 굴절을 이용한 렌즈를 사용한 것이에요. 주위에 안경을 낀 친구들도 있지요? 안경에도 빛의 굴절을 이용한 렌즈가 이용된답니다.

생활 속에서도 빛이 굴절되는 현상을 관찰할 수 있어요. 둥근 어항 속에 있는 물고기는 실제보다 커 보여요. 여름철 시냇물에 발을 담가 보세요. 아마 여러분의 다리가 짧아 보일 거예요. 이 모두가 빛의 굴절 때문에 일어나는 현상이랍니다.

사방으로 도망치는 후추

교과서 : 4학년 2학기 2단원 물의 상태 변화	실험 난이도 : 쉬워요
핵심 개념 : 표면장력	총 실험 시간 : 10분

주방용 세제를 물에 똑똑 떨어뜨리면 어떤 일이 벌어질까요? 이 재미있고 쉬운 과학 실험을 통해, 마치 후추가 세제 한 방울 주위로 마구 도망쳐 나가는 듯한 신기한 경험을 해 보세요.

준비물

- 깊이 약 1.5cm짜리 얕은 접시
  (제빵용 접시나 제빵용 팬, 우묵한 접시 등)
- 물
- 후춧가루(검은 후추)
- 주방용 액체 세제

🧪 실험 방법과 순서

❶ 접시에 물을 부어 가득 차오르게 합니다.

❷ 물에 후추를 뿌립니다.

❸ 주방용 세제를 짜서 접시 한가운데에 한 방울을 똑 떨어뜨립니다.

🔍 이렇게 관찰해요

물에 주방용 세제를 떨어뜨리면 어떻게 되나요?

⭐ 응용해 보요

수돗물 대신 소금물로 실험해 보고, 결과가 어떤지 비교해 보세요.

❓ 무슨 원리일까요

액체 표면 위에 있는 분자들은 단단하게 뭉쳐서 작은 반구 모양을 만듭니다. 이것을 '표면장력'이라고 해요. 후추는 이 표면장력을 깨뜨리지 않고 물 표면에 떠다닐 정도로 가볍습니다. 그런데 세제를 물에 떨어뜨리면 세제 분자들이 전부 물 분자들과 결합해서 표면장력을 깨뜨리게 돼요. 그러면 반구 모양도 깨지고, 표면에 있던 물 분자들이 사방으로 퍼져나가면서 후추를 함께 끌고 간답니다.

📖 교과서 속 과학 개념

표면장력

표면장력이란 액체가 표면적을 될 수 있는 대로 최대한 작게 하도록 액체의 표면에 작용하는 힘을 말해요. 비눗방울 놀이를 해 본 적이 있나요? 공중에 떠 있는 비눗방울의 모습은 둥근 공 모양입니다. 이것은 표면장력 때문이에요. 비눗방울의 표면적이 최대한 작게 되도록 둥근 공 모양이 되는 것이랍니다.

가라앉을까? 뜰까?

교과서 : 5학년 1학기 4단원 용해와 용액
핵심 개념 : 용액, 용질, 용매, 밀도
실험 난이도 : 쉬워요
총 실험 시간 : 20분

달걀은 가라앉을까요, 뜰까요? 답은 아마 달걀이 어떤 액체에 들어가느냐에 따라 달라질 거예요. 실험을 하고 나서 생각지도 못한 결과에 깜짝 놀랄지도 몰라요!

준비물

- 컵 6개
- 차가운 물
- 식물성 기름
- 계량컵, 계량스푼
- 소금 3큰술
- 베이킹소다 3큰술
- 옥수수 전분(녹말) 3큰술
- 밀가루 3큰술
- 달걀 6개

실험 방법과 순서

1. 컵 5개에 계량컵으로 물을 1컵씩 붓습니다. 6번째 컵에는 기름 1컵을 계량해서 붓습니다.
2. 물이 든 컵 중, 첫 번째 컵은 아무것도 넣지 않고 그냥 둡니다. 이 컵이 '대조군'입니다.
3. 두 번째 컵에는 준비한 소금을 넣고 젓습니다.
4. 세 번째 컵에는 준비한 베이킹소다를 넣고 젓습니다.
5. 네 번째 컵에는 준비한 옥수수 전분을 넣고 젓습니다.
6. 다섯 번째 컵에는 준비한 밀가루를 넣고 젓습니다.
7. 이제 모든 컵에 달걀을 하나씩 넣고, 어떻게 되는지 관찰해 보세요.

🔍 이렇게 관찰해요

달걀은 어떤 액체에서 가라앉고, 어떤 액체에서 뜨나요? 왜 그럴까요?

⭐ 응용해 봐요

이번에는 차가운 물 대신 뜨거운 물을 써 봅니다. 우선 용질이 더는 물에 녹지 않을 때까지 계속 넣어서 과포화 용액을 만들어요. 그리고 각 용액에 달걀을 넣습니다. 차가운 물을 사용했을 때와 같은 결과가 나오나요?

참고: 용질의 밀도가 높은 것을 눈으로 확인하기 위해서, 과포화 용액이 될 때까지 녹이세요. 과포화 용액이 되면 밀도가 매우 높다는 것을 눈으로 알 수 있기 때문에, 달걀을 용액에 띄우는 실험이 잘 될 거예요. 과포화 용액이 아닐 때는, 밀도가 얼마나 높아졌는지 눈으로 확인하기가 어려워요. 하지만 과포화 용액은 이미 최대로 용질이 녹아 들어갔기 때문에, 눈으로 봐도 밀도가 아주 높아졌다는 것을 알 수 있어요.

❓ 무슨 원리일까요

달걀은 물보다 밀도가 높아서 가라앉습니다. 그렇지만 소금이나 다른 용질을 물에 녹이면 그 용액은 밀도가 높아져요. 그러다 어떤 때는 용액이 달걀보다 밀도가 높아져서, 달걀이 물 위에 뜨게 된답니다.

📖 교과서 속 과학 개념

용액, 용질, 용매
용액은 두 가지 이상의 물질이 골고루 섞여 액체와 같은 형태로 된 혼합물을 말합니다. 용액에서 녹아 있는 물질을 '용질'이라 부르고, 녹인 액체는 '용매'라고 합니다. 이 실험에서 소금물은 용액, 소금은 용질, 물은 용매가 됩니다.

과포화 용액
식사를 평소보다 많이 해서 배가 너무 부르면 과식했다고 말하지요? 과포화 용액이란 용질이 정해진 양보다 더 많이 녹아 있는 용액을 말합니다. 용매에는 온도에 따라 녹을 수 있는 양이 정해져 있는데, 이 양보다 더 많은 양이 녹아 있어서 불안정한 용액을 과포화 용액이라고 합니다.

무지개 비바람

교과서 : 5학년 1학기 4단원 용해와 용액
핵심 개념 : 무극성(비극성)/극성 화학 결합 물질
실험 난이도 : 쉬워요
총 실험 시간 : 15분

기름을 가득 채운 컵에 물을 떨어뜨리면 어떤 일이 생길까요? 물과 기름 사이에 일어나는 상호작용을 배우면서, 예쁜 무지개 비바람도 만들어 보세요.

준비물

- ☐ 광물성 기름
  (미네랄 오일-투명한 것. 베이비 오일 등 화장품 오일)
- ☐ 투명 유리컵 또는 플라스틱 컵
- ☐ 작은 컵 여러 개
- ☐ 물
- ☐ 식품 착색제
- ☐ 작은 **피펫**(용액을 옮길 때 사용하는 과학 실험 도구) 또는 스포이트

🧪 실험 방법과 순서

❶ 광물성 기름을 1컵 정도 투명 컵에 붓습니다.

❷ 작은 컵 여러 개를 준비해 물을 채웁니다. 컵마다 식품 착색제를 몇 방울씩 떨어뜨려 여러 가지 색깔의 물을 준비합니다.

❸ 피펫이나 스포이트로 여러 가지 색깔의 물을 투명한 기름 컵에 차례로 떨어뜨립니다.

🔍 이렇게 관찰해요

기름 컵에 물을 넣으면 어떻게 되나요?

⭐ 응용해 봐요

컵에 뚜껑을 덮고, 물을 넣은 기름을 흔들어 섞어 보세요. 섞은 뒤에 모든 것이 다시 제자리로 돌아가면 어떤 일이 생기나요?

교과서 속 과학 개념

무극성(비극성)/극성 화학 결합 물질

물질은 화학적 성질을 가진 최소 단위인 분자들로 이루어져 있습니다. 분자는 가장 작은 입자인 원자들의 화학 결합으로 만들어집니다. 우리가 살아가는 데 꼭 필요한 물은 물 분자들로 이루어져 있어요. 수소 원자 2개와 산소 원자 1개가 결합하면, 물 분자가 됩니다. 분자 구조의 결합 형태에 따라, 극성 결합 물질이 되거나 무극성 결합 물질이 되는데요. 물은 대표적인 극성 결합 물질이고, 기름은 대표적인 무극성 결합 물질입니다. 극성 결합 물질과 무극성 결합 물질은 서로 잘 섞이지 않는다고 해요. 그래서 물과 기름도 서로 잘 섞이지 않는답니다.

❓ 무슨 원리일까요

세상에 존재하는 모든 물질은 화학 결합으로 묶인 분자들이 만듭니다. 기름은 무극성(비극성) 화학 결합, 물은 극성 화학 결합 물질이에요. 이 두 결합 물질은 서로 섞이지 않기 때문에, 물과 기름 또한 섞이지 않아요.

물이 어떻게 기름층 아래로 가라앉는지 보았나요? 이것은 물이 기름보다 밀도가 높아서 생기는 일이랍니다.

유리병에 하늘과 저녁놀을 담아요

교과서 : 6학년 1학기 5단원 빛과 렌즈
핵심 개념 : 백색광, 파동, 파장, 프리즘
실험 난이도 : 쉬워요
총 실험 시간 : 10분

하늘은 왜 파란색일까요? 해가 지거나 뜰 때는 왜 주황색이나 붉은색으로 보일까요? 유리병에 나만의 하늘을 만들고, 하늘은 왜 시간이 지나면서 다른 색으로 보이는지 직접 알아봐요.

준비물

- □ 우유
- □ 물
- □ 손전등
- □ 계량컵, 계량스푼
- □ 투명한 유리컵이나 밀폐 유리병

🧪 실험 방법과 순서

❶ 우유 2큰술을 계량해 밀폐 유리병에 넣습니다.

❷ 물 2컵을 계량해서 밀폐 유리병에 붓고 우유와 잘 섞어 희뿌연 상태로 만듭니다.

❸ 어두운 방에서 병 한쪽에 손전등을 대고, 빛이 병을 통과하게 비춥니다.

❹ 이제 손전등을 병 뒤로 옮겨, 빛이 나를 정면으로 비추게 합니다.

🔍 이렇게 관찰해요

손전등을 병 옆쪽에서 비출 때, 우유를 섞은 물은 어떤 색인가요? 병 뒤쪽에서 비출 때는, 또 어떤 색인가요?

⭐ 응용해 보요

혼합물에 우유를 조금 더 넣거나 덜 넣으면 색이 어떻게 변하나요? 이런 현상이 실제 하늘에서는 어떻게 적용될까요?

❓ 무슨 원리일까요

태양에서 나오는 백색광은 무지개색을 모두 담고 있습니다. 이 사실은 햇빛이 프리즘을 통과할 때, 눈으로 확인할 수 있지요. 무지개색들은 각각 크기가 다른 파동으로 공기 중에서 움직입니다. 푸른빛은 붉은빛보다 파장이 더 짧아요. 즉, 푸른빛은 짧고 고르지 못한 파동으로 움직이고, 붉은빛은 길고 느릿느릿한 파동으로 움직입니다.

햇빛이 대기권에 들어올 때는, 산소나 질소 등 공기 중에 있는 다양한 기체 때문에 여러 방향으로 흩어져요. 푸른빛 파장은 짧고 진동수가 많아서 가장 많

교과서 속 과학 개념

백색광
빛은 모든 파장의 빛이 비슷하게 혼합되면 흰색에 가깝게 되는데, 이를 '백색광'이라고 합니다. 무지개를 보면 빨강, 주황, 노랑, 초록, 파랑, 남색, 보라 등 다양한 색을 볼 수 있는데요. 실제 태양의 빛은 이렇게 다양한 색의 빛으로 구성되어 있지만, 평소에는 모든 색깔의 빛이 섞여 백색광으로 보이게 됩니다.

파동
우리 눈에 빛은 직진하는 것으로 보입니다. 하지만 실제로는 빛의 입자들이 물결 모양으로 움직이면서 앞으로 나아가고 있습니다. 너무 작기 때문에 우리 눈에는 보이지 않을 뿐이에요. 파동은 운동이나 에너지가 전달되는 현상입니다. 조금 어려운 내용이죠? 잔잔한 연못에 돌을 던지면 어떻게 되나요? 동그란 물결무늬가 퍼져 나가는 것을 볼 수가 있습니다. 이처럼 물결 모양으로 퍼져 나가는 것을 '파동'이라고 합니다. 친구와 긴 줄넘기를 잡고 한쪽에서 위아래로 움직이면 물결 모양으로 퍼지는 것을 볼 수 있을 거예요. 이것 또한 파동의 모습이에요. 우리 눈에는 보이지 않지만, 빛도 이렇게 물결 모양으로 나아가는 파동의 한 모습입니다.

파장
파동은 위아래로 진동을 하면서 앞으로 나아갑니다. 이때 파동에서 위쪽으로 올라온 부분을 '마루', 아래쪽으로 들어간 부분을 '골'이라고 해요. 산마루, 산골짜기라는 말이 있지요? 산마루에 해당하는 부분이 파동의 마루, 산골짜기에 해당하는 부분이 파동의 골에 해당합니다.
파장은 파동의 마루에서 다음 마루까지의 거리 또는 골에서 다음 골까지의 거리를 말해요. 빛은 파장에 따라 굴절되는 정도가 다른데, 색깔별로 파장이 다르기 때문에 프리즘을 통과한 빛이 각각 굴절되어 무지개 색깔이 나타나는 거예요.

프리즘
프리즘은 보통 삼각형 모양으로 되어 있는 투명한 기둥을 말합니다. 프리즘을 통과한 빛은 굴절이 되는데, 빛의 색깔에 따라 굴절이 되는 정도가 다르답니다. 그래서 프리즘을 통과한 빛은 색깔별로 굴절되는 정도에 따라 퍼지기 때문에 무지개 모양 빛을 관찰할 수 있습니다.

이 흩어지기 때문에, 우리가 낮에 하늘을 볼 때는 색이 파랗게 보입니다.
붉은빛 파장은 더 길고 진동수가 적어서 대기 가스 분자 때문에 흩어지는 정도가 가장 적습니다. 해가 뜨거나 지면서 수평선에 가까이 있을 때는 붉은빛이 대기를 좀 더 많이 통과해서 우리 눈에 닿지요. 푸른빛 대부분은 시선 밖으로 흩어져 없어지므로 붉은색, 주황색, 노란색이 남아 우리 눈에 바로 닿는답니다.

음파 실험

교과서 : 3학년 2학기 5단원 소리의 성질	실험 난이도 : 쉬워요
핵심 개념 : 소리	총 실험 시간 : 10분

다양한 진동 소리를 들을 수 있을까요? 이 끝내주는 음파 실험을 하면서 숟가락으로 나만의 징을 만들고, 소리가 어떻게 움직이는지 배워 보세요.

준비물

☐ 금속 숟가락

☐ 끈 또는 실 약 1m

☐ 자

🧪 실험 방법과 순서

❶ 숟가락 손잡이 부분 가운데를 끈으로 묶습니다.

❷ 끈 양쪽 끝을 집게손가락 주변에 몇 번 감습니다.

❸ 손가락을 귀 가까이에 두고 숟가락을 허리 부근까지 늘어뜨립니다.

❹ 친구에게 자로 숟가락을 쳐 달라고 합니다.

🔍 이렇게 관찰해요

친구가 숟가락을 자로 치면, 무슨 소리가 들리나요? 끈을 귀에서 더 멀리 쥐었을 때와 귀에서 더 가까이 쥐었을 때, 소리가 다른가요? 소리가 각각 얼마나 오래 울리나요?

⭐ 응용해 봐요

크기가 다른 여러 숟가락과 포크 등을 끈에 묶고 자로 쳤을 때, 각각 소리가 어떻게 다른지 확인해 보세요.

❓ 무슨 원리일까요

소리란 공기나 다른 매체를 통과하며 움직이는 다양한 진동에 의해 발생됩니다. 이 실험에서는 자로 숟가락을 쳐서 숟가락이 진동하게 됩니다. 그런 진동들이 숟가락을 묶은 끈을 타고 귀까지 올라오는데, 우리 뇌는 이것을 소리로 해석한답니다.

📖 **교과서 속 과학 개념** ✏️

소리와 진동

소리는 진동에 의해 발생됩니다. 이 진동이 공기의 진동을 통해 귀에 도달하면 고막이 진동해서 소리를 들을 수 있는 거예요. 만일 공기가 없는 진공 상태가 된다면, 소리가 귀까지 전달되지 않기 때문에 들을 수가 없어요. 또한 고막을 다치게 되면 귀에서 진동을 전달하지 못하기 때문에 들을 수 없게 됩니다.

소리는 진동수에 따라 높낮이가 달라지는데요. 진동수가 클수록 높은음이 되고, 진동수가 작을수록 낮은음이 됩니다.

깡통 잠수함

교과서 : 3학년 1학기 2단원 물질의 성질	실험 난이도 : 쉬워요
핵심 개념 : 밀도	총 실험 시간 : 15분

잠수함은 어떻게 물속 깊이 들어갔다가 다시 물 위로 올라올 수 있을까요? 이 실험에서 내 손으로 직접 잠수함을 만들어 그 원리를 알아봐요.

준비물

- ☐ 빈 깡통(탄산음료 캔)
- ☐ 비닐관(호스) 1m
- ☐ 물
- ☐ 기다란 꽃병 또는 물병
  (깡통이 들어갈 만큼 입구가 넓은 것)

🧪 실험 방법과 순서

❶ 준비한 호스 한쪽 끝을 깡통 안으로 밀어 넣습니다.

❷ 깡통에 물을 채웁니다.

❸ 꽃병에 물을 3/4 정도 채웁니다.

❹ 호스 한쪽 끝을 깡통 속에 넣은 채로 깡통을 꽃병에 집어넣습니다. 호스로 깡통에 들어간 물을 휘저어 혹시라도 남아 있을 공기 방울을 전부 빼냅니다.

❺ 깡통이 가라앉지 않으면, 작은 컵에 물을 담아 깡통에 물을 더 채워요. 깡통이 가라앉기 위해서는 깡통 안에 공기 방울이 들어갈 공간이 남아 있어서는 안 됩니다.

❻ 깡통이 가라앉으면 호스를 입으로 불어 바람을 넣습니다. 이때 입김을 부는 호스 끝은 반드시 꽃병 수면보다 높아야 합니다. 그래야 입으로 바람을 불 때 물이 입에 들어오지 않아요. 입김을 불어 넣고 공기가 호스를 지나 깡통으로 들어가면서 깡통 잠수함이 물 위로 다시 떠오르는 모습을 지켜보세요.

🔍 이렇게 관찰해요

호스 안으로 입김을 불 때, 어떤 일을 관찰할 수 있나요? 또 꽃병에 채워 둔 물은 어떻게 되나요?

⭐ 응용해 보요

다른 빈 깡통이나 플라스틱병으로도 잠수함을 설계해 만들 수 있을까요? 재활용품 모아 둔 곳을 잘 살펴보고, 사용할 만한 물건으로 무엇이 있는지 찾아보세요.

❓ 무슨 원리일까요

공기가 깡통으로 흘러 들어가면 물이 밖으로 흘러나옵니다. 이때 들어간 공기 방울들 때문에 깡통 밀도가 주위에 있는 물보다 낮아져서, 깡통이 수면에 떠오르게 되지요. 진짜 잠수함을 설계할 때는 밸러스트 탱크(선박 수평을 맞추는 데 사용하는 물을 넣는 탱크)를 넣습니다. 잠수함이 물속에 들어가야 하는지 위로 떠올라야 하는지에 따라서, 이 탱크에 각각 물과 공기를 채우게 됩니다.

📖 교과서 속 과학 개념

밀도

밀도는 어떤 물질이 빽빽하게 모여 있는 정도를 말합니다. 물체의 무거운 정도를 뜻하기도 합니다. 같은 부피의 물질을 비교하였을 때, 무게가 많이 나가는 물체의 밀도가 더 높다고 표현합니다. 같은 양의 물과 철을 비교하면 철이 더 무겁습니다. 철의 밀도가 더 높은 것이지요. 그래서 철은 물에 뜨지 않고 가라앉습니다. 스티로폼의 경우, 같은 양의 물보다 가볍습니다. 물보다 밀도가 낮은 것이지요. 그래서 스티로폼은 물 위에 뜨게 된답니다.

달걀 위를 걸어요

교과서 : 4학년 1학기 4단원 물체의 무게	실험 난이도 : 쉬워요
핵심 개념 : 힘의 분산	총 실험 시간 : 10분

껍데기를 깨지 않고 날달걀 위를 걸을 수 있을까요? 이 실험에서는 맨발로 달걀 위에 서서 걸으면서, 달걀 껍데기가 얼마나 튼튼한지 확인해 볼 거예요. 이 아슬아슬하고 흥미진진한 실험을 할 준비가 되었나요?

준비물

- 넓은 비닐(돗자리)
- 10구 달걀 6세트 또는 달걀 두 판

❗ 이런 점은 조심해요

이 실험을 하면 날달걀이 깨져서 주변을 어지럽힐 수도 있어요. 실험을 시작하기 전에, 반드시 달걀판 밑에 넓은 비닐 돗자리를 깔거나 바깥에서 실험을 하세요.

🧪 실험 방법과 순서

1. 달걀판에 뚜껑이 달려 있으면 잘라 내고, 달걀이 담긴 부분만 나란히 놓습니다. 10구 달걀은 3개씩 붙여 앞뒤로, 달걀 두 판인 경우 앞뒤로 붙여 두면 됩니다.

2. 신발과 양말을 벗습니다. 조심해서 한 발로 첫 번째 열을 디딥니다. 이때 옆에서 친구가 잡아 주거나 의자 같은 것을 잡고 올라가는 편이 좋아요.

3. 다른 발로 다른 열을 디딥니다. 깨지 않고 올라가는 데 성공했으면 조심스럽게 달걀을 가로질러 건너세요. 이때 발을 최대한 평평하게 편 상태로 걷습니다.

🔍 이렇게 관찰해요

혹시 깨진 달걀이 있었나요? 달걀 위로 걸으면서 껍데기를 깨뜨리지 않고 건너는 데 가장 효과가 좋은 기술이 있었나요?

교과서 속 과학 개념

힘의 분산

힘의 분산은 하나의 힘을 여러 개의 다른 힘으로 나누는 것을 말해요. 아치 형태의 달걀은 위에서 누르는 힘을 여러 방향으로 분산시켜 주기 때문에 큰 힘을 견딜 수 있습니다.

힘의 분산을 이용한다면 달걀판 위를 걸을 수도 있어요. 여러 개의 달걀이 우리의 몸이 누르는 힘을 골고루 분산시키기 때문이지요. 하지만 힘이 골고루 분산되지 않고 어느 한 개의 달걀에 많이 쏠리게 된다면, 달걀이 버틸 수 있는 힘을 넘어서기 때문에 결국 깨지고 말 거예요.

★ 응용해 보요

달걀 한 판을 놓고, 그 위에 무거운 책을 한 권씩 차례차례 쌓아 보세요. 책을 몇 권까지 쌓았을 때, 달걀 껍데기가 깨지나요? 달걀판에 있는 달걀을 다르게 배열하면 처음보다 책을 더 많이 쌓을 수 있을까요?

❓ 무슨 원리일까요

달걀은 3차원 아치 구조와 비슷하게 생겼습니다. 아치 구조는 건축 형태 중에서 가장 튼튼한 편에 속해요. 곡선이 압력을 껍데기 전체에 골고루 나눠 전달하기 때문에, 달걀 껍데기는 아주 튼튼하답니다. 그렇지만 고르지 않은 힘은 견디지 못해요. 그래서 달걀을 그릇에 '탁' 치거나 발뒤꿈치로 달걀 위를 걸으면 쉽게 깨진답니다.

무엇이 물에 녹을까?

교과서 : 3학년 1학기 2단원 물질의 성질	실험 난이도 : 쉬워요
핵심 개념 : 분자, 전하, 무극성(비극성)/극성 결합	총 실험 시간 : 30분

물질은 물체를 이루는 재료를 말해요. 어떤 물질이 물에 녹고, 또 어떤 물질이 물에 녹지 않을까요? 숟가락을 꺼내 들고, 직접 답을 찾아봐요.

준비물

- 투명 컵 여러 개
- 물
- 다양한 실험 물질(소금, 후추, 설탕, 밀가루, 모래, 커피, 오트밀, 제빵용 스프링클, 기름, 옥수수 가루, 청량음료 분말, 각종 향신료 등)
- 숟가락 여러 개(실험 물질을 각각 섞을 숟가락)
- 계량컵, 계량스푼

 **실험 방법과 순서**

❶ 모든 컵에 물을 같은 양으로 계량해서 붓습니다.

❷ 준비한 실험 물질은 1컵에 1작은술씩 계량해, 컵마다 하나씩 넣습니다. 실험 물질마다 각각의 다른 숟가락으로 이 용액을 저어 주세요.

❸ 각 컵을 자세히 관찰하면서, 어떤 일이 일어나는지 기록합니다. 용액은 어떤 색깔이 되나요? 넣은 물질은 물에 녹나요?

 **이렇게 관찰해요**

숟가락으로 저었을 때, 어떤 것이 물에 녹아 사라졌나요? 그 물질이 아직 물속에 있다고 생각하나요? 그런 사실은 어떻게 알 수 있었나요?

⭐ 응용해 봐요

실험 물질들을 그대로 사용하되, 이번에는 뜨거운 물로 다시 실험해 보세요. 그리고 물 온도가 어떤 물질이 녹고 녹지 않는 데 영향을 주는지 관찰해 보세요.

❓ 무슨 원리일까요

물 분자들은 극성 결합을 하고 있어서, 약한 양극과 약한 음극이 있어요. 자석이 다른 자석들을 끌어당기듯이, 한 극성 분자의 양극도 다른 극성 분자의 음극을 끌어당깁니다. 예를 들어 소금과 같은 물질이 물에 들어가면 물 분자의 양극이 소금의 음극을 끌어당기고, 물 분자의 음극은 소금의 양극을 끌어당기게 돼요. 바로 이러한 이유로, 물은 소금처럼 극성이나 전하가 있는 물질이라면 무엇이든 녹이지만, 올리브유처럼 무극성 결합을 한 물질은 녹이지 못한답니다.

📖 교과서 속 과학 개념

분자
물질은 화학적 성질을 가진 최소의 단위인 분자들로 이루어져 있습니다. 분자는 가장 작은 입자인 원자들의 화학 결합으로 만들어집니다.

전하
전하는 물체가 띠고 있는 정전기의 양을 뜻합니다. 물질을 이루는 가장 작은 입자인 원자는 양성자, 중성자, 전자로 구성되어 있는데, 여기서 양성자는 양전하를, 전자는 음전하를 띠고 있으며, 중성자는 0의 전하를 띠고 있습니다. 음전하를 띠는 전자가 이동하는 흐름을 '전류'라고 하는데, 보통은 전기가 흐른다고 표현합니다.

무극성(비극성)/극성 결합
분자는 결합되는 원자의 종류나 결합된 모양에 따라, 전기적인 극성을 띠기도 하고 띠지 않기도 합니다. 극성을 띠는 경우 '극성 결합'이라고 하고, 극성을 띠지 않는 경우 '무극성(비극성) 결합'이라고 합니다. 우리가 매일 마시는 물은 대표적인 극성 결합 물질이고, 식용유는 무극성 결합 물질이에요. 그래서 물과 식용유는 서로 잘 섞이지 않는답니다.

움직이는 무지개

교과서 : 6학년 1학기 4단원 식물의 구조와 기능	실험 난이도 : 쉬워요
4학년 2학기 5단원 물의 여행	총 실험 시간 : 12시간
핵심 개념 : 모세관, 끌힘	관련 분야 : 미술

아주 큰 나무들이 어떻게 뿌리에서 가장 꼭대기에 있는 잎과 가지까지 물을 보내는지 궁금한 적 없었나요? 이 움직이는 물 무지개를 만들어 보고, 궁금증도 풀어 봐요.

준비물

- 450~500㎖ 밀폐 유리병이나 투명 컵 6개
- 물
- 원색 식품 착색제(빨강, 노랑, 파랑)
- 종이행주
- 계량컵

🧪 실험 방법과 순서

① 유리병 3개에 각각 물을 2컵씩 붓고, 첫 번째 유리병에는 빨간색 식품 착색제 20방울, 두 번째 유리병에는 노란색 식품 착색제 20방울, 세 번째 유리병에는 파란색 식품 착색제 20방울을 넣습니다.

② ①에서 만든 내용물로 채운 병 3개와 빈 병 3개를 번갈아 가며 둥글게 놓아요. 내용물을 채운 병들 사이에 빈 병을 하나씩 놓는 것이죠.

③ 종이행주 6장을 뜯습니다. 뜯은 종이행주는 각각 세로로 여러 번 접어 유리병 입구에 잘 들어가게 합니다.

④ 종이행주 한끝은 물을 채운 병 바닥에, 다른 한끝은 빈 병 바닥에 닿게 해서 집어넣습니다. 병마다 종이행주가 2장씩 들어가는 원이 만들어지지요.

⑤ 조금 후, 또 몇 시간 후에 어떤 일이 일어나는지 잘 관찰해 보세요.

🔍 이렇게 관찰해요

빈 병에 어떤 식으로 이차색이 생겼나요?

⭐ 응용해 보요

이번에는 비어 있던 유리병 3개에 각각 물 2컵을 채워 넣습니다. 순서는 위와 똑같이 둥글게 배열합니다. 어떤 일이 일어나나요?

❓ 무슨 원리일까요

종이행주는 나무, 그러니까 '셀룰로스'라고 하는 식물 조직으로 만들어요. 물은 부착력과 응집력이라는 두 끌힘, 즉 인력 덕택에 셀룰로스를 타고 올라갑니다. 부착력은 물 분자와 셀룰로스 섬유 사이에 있는 끌힘이고, 응집력은 물 분자 사이에 있는 끌힘이에요. 물 분자들은 셀룰로스 섬유에 끌려 섬유를 통과해 이동합니다. 그런데 물 분자들끼리도 끌어당기면서 계속해서 서로 위로 끌어 올려요. 바로 이 두 힘이 '모세관 활동'이라고 하는 현상을 일으키게 됩니다. 즉, 물이 중력을 거슬러 위로 흐르게 된다는 뜻이죠.

📖 교과서 속 과학 개념 ✏️

셀룰로스(섬유소)

셀룰로스는 식물의 세포벽을 구성하는 기본 성분으로, 종이의 원료로 사용됩니다. 종이에는 실같이 생긴 셀룰로스가 많이 있는데, 셀룰로스 사이에는 모세관 같은 공간들이 있습니다. 셀룰로스 사이사이의 작은 공간이 가는 관의 역할을 하게 되어, 모세관 현상에 의해 물이 이동하게 됩니다.

끌힘(인력)

끌힘이란 떨어져 있는 물체가 서로 끌어당기는 힘을 말합니다. 눈으로 쉽게 확인할 수 있는 끌힘에는 자석이 있어요. 두 개의 자석을 서로 다른 극끼리 바라보게 놓으면 서로 끌어당기는 것을 확인할 수 있습니다.

모세관 현상

모세관은 가느다란 털처럼 아주 가는 관이에요. 모세관 현상은 작은 관과 같은 통로를 따라서 액체가 올라가거나 내려가는 현상을 말해요. 모세관을 물 위에 세워 두면 물이 모세관을 따라 올라가는 것을 볼 수 있지요. 이처럼 모세관의 벽면과 물이 끌어당기는 힘에 의해서, 물이 모세관을 따라 올라가는 것을 모세관 현상이라고 합니다.

이스트가 풍선을 불어요

교과서 : 5학년 1학기 5단원 다양한 생물과 우리 생활 6학년 1학기 3단원 여러 가지 기체	실험 난이도 : 쉬워요 총 실험 시간 : 60분
핵심 개념 : 기체의 부피	

식빵이나 피자, 각종 빵 반죽을 만들 때 핵심 재료가 되는 효모를 '이스트'라고 하는데요. 그 이스트가 어떻게 작용하는지 알고 있나요? 이번에는 이스트를 가지고, 입으로 바람을 불지 않고도 풍선을 부는 마법 같은 실험을 해 볼 거예요. 그리고 이스트가 어떻게 작용해 반죽을 부풀리는지도 함께 배워 봐요.

준비물

- 건조 이스트 2큰술
- 설탕 1큰술
- 미지근한 물 2큰술
- 투명하고 목이 좁은 병(500㎖)
- 미지근한 물을 채운 큰 그릇
- 고무풍선
- 계량스푼

실험 방법과 순서

1. 준비한 건조 이스트, 설탕, 미지근한 물 2큰술을 병에 넣어 섞습니다.
2. 병은 미지근한 물을 채운 큰 그릇에 넣어서 따뜻하게 해 놓습니다.
3. 풍선을 병 입구에 씌웁니다. 몇 분에 한 번씩 확인하면서, 어떻게 되는지 관찰합니다.

이렇게 관찰해요

이스트 혼합물은 시간이 지나면서 어떻게 바뀌나요? 병 안에서 어떤 일이 일어나는지 볼 수 있나요?

응용해 봐요

이스트, 설탕, 물을 병에 넣을 때마다 매번 양을 달리해서, 그때마다 풍선이 얼마나 크게 부풀어 오르는지 관찰해 보세요.

교과서 속 과학 개념

기체의 부피

기체는 입자 사이의 거리가 멀고 자유롭게 움직이는 성질이 있기 때문에, 같은 양의 고체에 비해 부피가 매우 큽니다. 이스트에 의해 발생하는 이산화탄소 기체가 자유롭게 움직이며 사방으로 퍼지면서, 풍선이 부풀어 오르는 거예요.

 **무슨 원리일까요**

이스트는 설탕(당)을 알코올과 이산화탄소로 바꾸어 놓는 일을 하는 아주 조그마한 균류, 즉 곰팡이류예요. 그런데 이 일을 하려면 이스트가 축축하고 따뜻해야 합니다. 이번 실험에서는 이스트가 만들어 내는 이산화탄소가 풍선에 들어가 저절로 부푼 걸 볼 수 있어요.

이스트는 빵 반죽에서도 똑같이 작용해요. 단지 여기서는 이산화탄소 거품이 밀도가 높은 반죽 속에 갇힌다는 점만 다르죠. 그리고 바로 이렇게 반죽 속에 갇힌 이산화탄소가 빵을 가볍고 폭신폭신하게 만들어 준답니다.

3

기술

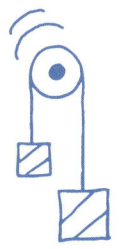

세상에는 우리 주변에 있는 기술을 지배하면서도 눈에는 보이지 않는 다양한 힘들이 있습니다. 이번 장에서는 그런 힘들이 있는 세계에 뛰어들 준비를 하세요.

여기서는 우리 손으로 전기 회로를 만들 수 있어요. 그뿐만 아니라 전자를 사용해 물이 휘어지게도 하고, 자석을 움직이기도 하고, 번개를 일으키기도 하고, 건전지와 전자석, 전화, 나침반도 만들어 볼 거예요.

이 장에서 다룰 중요한 주제 두 가지는 '전기'와 '자기'입니다. 전기와 자기는 오늘날 우리 과학에서 기초가 되는 두 가지 큰 뿌리예요. 그리고 바람, 뜨거운 공기, 화학 반응 등 기계에 동력을 제공하는 다양한 원천도 살펴볼 거예요.

기술이란 '문제를 해결하기 위해 과학을 응용하는 것'이라고 정의합니다. 기술은 꾸준히 진화해 더 빨라지고, 값싸지고, 실용성도 키웠지요. 우리가 매일 사용하는 장치들은 몇 가지 주요 기술로 움직이는데, 앞으로 하게 될 실험들은 그런 주요 기술을 기초부터 튼튼하게 가르쳐 줄 거예요. 다 배우고 나면 우리는 이 지식을 발판으로 현대 기술을 배우고, 전에는 상상조차 하지 못한 발명품을 만들 수도 있어요.

일상에서 우리는 늘 기술을 만납니다. 그런데 그 기술이 움직이는 원리도 알고 있나요? 예를 들어, 왜 스위치를 누르면 램프에 불이 들어올까요? 어째서 초인종 단추를 누르면 소리가 날까요? 또 건전지는 어떻게 에너지를 저장할까요? 이번 장에서 나오는 실험을 다 마치고 나면, 이런 여러 가지 질문에도 자신 있게 답할 수 있습니다.

실험 준비물 중에는 집에 없을지도 모르는 재료들이 있는데, 모두 인터넷이나 철물점, 전자 제품 매장에서 쉽게 구할 수 있는 자석과 간단한 전기 제품 등이에요. 실험을 시작하기 전에 준비물 목록을 반드시 읽고, 필요한 재료들은 미리 준비해 두세요. 이 장에서 따로 사야 할 만한 준비물은 아래에 한꺼번에 요약해 두었습니다.

- 집게 전선 5개
- 5mm LED 전구(빨강, 파랑)
- 전선 달린 AA 건전지 홀더
- 절연 구리 전선 1m
- 구리 테이프(너비 약 0.5cm, 양면 전도성)
- 아연 못 4개
- 8~15cm 쇠못
- 전선 탈피기(전선 피복을 벗기는 도구)
- 막대자석(N극과 S극이 확실하게 표시된 것)

그럼 기술과 회로, 자석, 건전지가 만들어 내는 흥미진진한 세계를 발견하며 재미있는 실험을 시작해 봐요!

마법 숟가락

교과서 : 6학년 2학기 1단원 전기의 이용	실험 난이도 : 쉬워요
핵심 개념 : 전하, 정전기, 전하 불균형	총 실험 시간 : 10분
	관련 분야 : 과학

소금과 후추를 섞은 뒤에, 여기에서 후추만 따로 떨어져 나오게 만들 수 있을까요? 이 과학 실험에서는 마법 숟가락을 만들어, 후춧가루만 들어 올리는 다양한 방법을 실험할 거예요.

준비물

- ☐ 작은 그릇
- ☐ 소금
- ☐ 후춧가루
- ☐ 마른행주
- ☐ 플라스틱 숟가락
- ☐ 계량스푼

🧪 실험 방법과 순서

❶ 소금과 후추를 1작은술씩 계량해서, 준비한 그릇에 넣고 섞습니다.

❷ 마른행주로 플라스틱 숟가락을 약 10초간 비빕니다.

❸ ❶에서 섞은 소금과 후추 위쪽에 플라스틱 숟가락의 볼록한 부분을 갖다 댑니다. 그러면 어떤 일이 생기나요?

🔍 이렇게 관찰해요

왜 소금은 남겨 두고 후추만 톡톡 튀어 오른다고 생각하나요? 숟가락을 소금, 후추에 대는 거리와 각도를 바꾸면 결과가 바뀌나요?

⭐ 응용해 봐요

숟가락에 정전기를 일으키는 방법을 여러 가지로 실험합니다. 머리카락, 모직이나 윗옷에도 대고 문질러 본 다음, 숟가락에 전하가 얼마나 생기는지 확인해 보세요.

❓ 무슨 원리일까요

숟가락을 마른행주에 문지르면, 이 두 물질 사이에서 전자가 이동하면서 전하 불균형이 생깁니다. 그러면 정전기가 일어나요. 정전기가 일어나면 숟가락이 후춧가루 같은 작은 물체들을 끌어당기게 되죠. 잘 관찰해 보면 소금과 후추 둘 다 숟가락에 끌리지만, 후추가 더 가벼워서 숟가락에 먼저 달라붙고, 또 더 오래 붙어 있는다는 사실을 알 수 있어요.

📖 교과서 속 과학 개념

전하

전하는 물체가 띠고 있는 정전기의 양을 뜻합니다. 물질을 이루는 가장 작은 입자인 원자는 양성자, 중성자, 전자로 구성되어 있는데, 여기서 양성자는 양전하를, 전자는 음전하를 띠고 있으며, 중성자는 0의 전하를 띠고 있습니다. 음전하를 띠는 전자가 이동하는 흐름을 '전류'라고 하는데, 보통은 전기가 흐른다고 표현합니다.

정전기

정전기는 물체가 마찰할 때 발생하는 마찰 전기의 일종이에요. 보통의 물체는 양전하와 음전하의 양이 같아서 전기적 성질을 띠지 않아요. 하지만 다른 물체와의 접촉이나 마찰에 의해서 음전하가 이동하여 전기적 성질을 띠게 됩니다.

전하 불균형

마찰에 의해 음전하가 이동하여 정전기가 생기면, 한쪽 물체는 양전하를 띠고 다른쪽 물체는 음전하를 띠게 됩니다. 전기적 성질이 없던 물체가 전하 불균형에 의해 전기적 성질을 띠게 되는 것이지요. 이때 양전하와 음전하가 서로 끌어당기는 현상이 일어납니다. 이러한 이유로 머리를 빗을 때, 빗과 머리카락이 서로 붙는 현상이 종종 일어나곤 한답니다.

전기가 흐를까, 안 흐를까?

교과서 : 6학년 2학기 1단원 전기의 이용
핵심 개념 : 전기 회로, 전도체, 절연체
실험 난이도 : 보통이에요
총 실험 시간 : 45분

여러분은 어떤 물체가 좋은 전기 전도체인지 알고 있나요? 전기 회로를 직접 만들어 보고, 만든 회로로 집에 있는 물건들을 시험해서 전도성이 있는지 확인해 보세요.

준비물

- 전선 달린 AA 건전지 홀더
- AA 건전지 2개
- 집게 전선 3개
- 5mm LED 전구
- 옷핀, 종이 클립, 팔찌, 연필, 모직 천, 나사, 귀걸이, 플라스틱 장난감, 동전 등 집에 있는 다양한 물건
  (금속 물건과 금속이 아닌 물건을 섞을 것)

실험 방법과 순서

❶ 건전지 홀더에 건전지를 넣습니다.

❷ 건전지 홀더에 달린 양쪽 전선에 집게 전선을 하나씩 연결합니다.

❸ 건전지 홀더에 이어 놓은 집게 전선 2개에서 비어 있는 쪽 끝은 LED 전구 핀에 연결하고, 회로가 작동하는지 다시 확인합니다.

주의: 전구에 불이 들어오면 회로가 작동한다는 뜻이에요. 혹시라도 불이 들어오지 않으면, 집게를 빼서 다른 핀에 먼저 연결해 보세요. 이렇게 연결한 핀 위치를 바꿨는데도 불이 들어오지 않으면, 건전지를 새것으로 바꿔 끼웁니다.

❹ 회로가 확실히 작동하는지 확인했으면 LED 전구 핀에 연결한 집게 중 하나를 뺍니다.

❺ 이번에는 세 번째 집게 전선을 LED 전구 핀에 연결합니다.

주의: 이렇게 하고 나면 집게 전선 3개 중 아무것에도 연결하지 않고 비어 있는 집게가 2개 남아 있어야 해요.

❻ 이제 빈 집게 2개를 집에 있는 다양한 물건에 각각 꽂아 봅니다. 한 번에 하나씩만 꽂아야 해요. 회로에 각 물체를 연결하기 전에, 불이 들어올지 안 들어올지 먼저 가설을 세워 봅니다.

참고: 가설이란 궁금한 점에 대하여 자신이 미리 예상한 답을 말해요.

🔍 이렇게 관찰해요

어떤 물체를 연결하면 전구에 불이 들어오나요? 어떤 물체를 연결하면 불이 들어오지 않나요? 어떤 물체가 전도체인가요?

⭐ 응용해 봐요

직접 만든 회로를 몇 개 더 준비해 실험해 보세요. 회로에 집게 전선과 LED 전구를 하나씩 더 연결할 수 있을까요? 금속 전도체 2개를 나란히 놓고, 닫힌 회로를 만들 수 있을까요?

❓ 무슨 원리일까요

전기는 완전한 환상(고리) 회로가 있어야 전류가 흐릅니다. 전류가 흐르는 이 길을 '닫힌회로(폐회로)'라고 부르지요. 이 길이 어떤 식으로든 끊기거나 막히면 전류가 흐를 수 없어서 '열린회로(개회로)'가 됩니다. 동전 같은 금속 물체는 전기가 그 물체를 통과해 흐르게 하므로 닫힌회로가 되지만, 절연체인 물체(전기를 전도하지 않는 플라스틱 장난감 등)들은 회로를 열리게 합니다.

📖 교과서 속 과학 개념 ✏️

전기 회로
전기 회로는 전기가 다니는 길, 다시 말해 전기가 흐를 수 있게 연결한 길을 말해요.

전도체
전도체는 가위의 금속 부분, 동전, 볼트 등 전기가 잘 흐르는 물체를 이야기합니다.

절연체
절연체는 가위의 플라스틱 부분, 나무젓가락, 전선의 피복, 유리컵 등 전기가 잘 흐르지 않는 물체입니다.

날아오르는 새

교과서 : 6학년 2학기 1단원 전기의 이용	실험 난이도 : 쉬워요
핵심 개념 : 정전기, 양전하, 음전하	총 실험 시간 : 20분
	관련 분야 : 과학

화장지로 만든 종이 새를 풍선에 붙여 날게 할 수 있을까요? 정전기 힘을 빌려서 마법처럼 종이를 들어 올려 움직이게 해 보세요.

준비물

- ☐ 화장지
- ☐ 사인펜
- ☐ 가위
- ☐ 고무풍선
- ☐ 모직 천

🧪 실험 방법과 순서

1. 사인펜으로 화장지에 새 몇 마리를 그린 뒤, 가위로 오려 냅니다.

2. 오려 낸 화장지 새들을 평평한 바닥 위에 놓습니다.

3. 고무풍선을 불어 끝을 꽉 묶습니다.

4. 풍선을 모직 천이나 머리카락에 대고 10~20초 정도 문지릅니다.

5. 이제 풍선을 화장지 새를 놓은 바닥 위, 몇 센티미터 떨어진 곳에서 잡고 기다립니다. 과연 손을 대지 않고도 새들을 날게 할 수 있을지 잘 지켜보세요.

🔍 이렇게 관찰해요

풍선이 화장지 새 가까이 가면 어떤 일이 벌어지나요? 천이나 머리카락에 문지르지 않은 풍선 반대쪽을 화장지 새 가까이에 대면 또 어떻게 되나요?

⭐ 응용해 보요

화장지 대신 일반 종이나 마분지같이 좀 더 두꺼운 종이에 새를 그려서, 정전기를 일으킨 풍선으로 들어 올려 보세요. 이 종이 새도 화장지 새와 똑같이 날아오르나요?

❓ 무슨 원리일까요

풍선을 모직 천에 대고 문지르면 천에서 풍선으로 전자들이 이동합니다. 그러면 풍선에 음극이 생겨요. 종이는 전체적으로 중성전하이지만 그 안에 있는 전하들은 배열 방향을 다시 배치할 수 있어서, 종이에서 양전하인 부분이 음전하인 풍선에 달라붙게 됩니다.

📖 교과서 속 과학 개념

정전기

정전기는 물체가 마찰할 때 발생하는 마찰 전기의 일종이에요. 보통의 물체는 양전하와 음전하의 양이 같아서 전기적 성질을 띠지 않아요. 하지만 다른 물체와의 접촉이나 마찰에 의해서 음전하가 이동하여 전기적 성질을 띠게 됩니다.

양전하, 음전하, 중성전하

전하는 물체가 띠고 있는 정전기의 양을 뜻합니다. 물질을 이루는 가장 작은 입자인 원자는 양성자, 중성자, 전자로 구성되어 있어요. 여기서 양성자는 양전하를, 전자는 음전하를, 중성자는 0의 전하를 띠고 있습니다. 보통의 물체는 전기적으로 중성이지만, 전자의 이동에 의해 양전하 또는 음전하를 띠기도 해요. 가령, 전자가 빠져나간 물체는 양전하를, 전자가 이동해 온 물체는 음전하를 띠게 됩니다. 또한 음전하를 띠는 전자가 계속 이동하여 생기는 전하의 흐름을 '전류'라고 하는데, 보통은 전기가 흐른다고 표현한답니다.

아침에는 철분을

교과서 : 3학년 1학기 4단원 자석의 이용	실험 난이도 : 보통이에요
핵심 개념 : 철분	총 실험 시간 : 45분
	관련 분야 : 과학

철분은 누구나 매일 섭취해야 하는 중요한 무기질이에요. 우리가 아침에 먹는 시리얼 상자를 보면 전부 철분이 들어 있다고 하는데, 정말 그럴까요? 자석을 꺼내서 직접 실험해 봐요.

준비물

- 철분 강화 시리얼
- 중형 비닐 지퍼백
- 따뜻한 물
- 자석(가지고 있는 것 중 자력이 가장 센 것)
- 계량컵

🧪 실험 방법과 순서

❶ 시리얼 1컵을 비닐 지퍼백에 넣습니다. 손가락으로 지퍼백을 꾹꾹 눌러서 시리얼을 잘게 부숩니다.

❷ 지퍼백 절반 정도까지 따뜻한 물을 채우고, 입구를 꽉 닫습니다. 이때 지퍼백 안의 공기층을 빼지 말고 부풀린 채로 함께 가둡니다.

❸ 물과 시리얼을 넣은 지퍼백을 1분쯤 흔든 뒤, 시리얼이 물에 풀어지게 20분 정도 그대로 둡니다.

❹ 이제 물에 풀어진 시리얼 지퍼백을 가장 강한 자석 위에 포갭니다. 그 상태에서 손으로 천천히 원을 그리며 자석을 움직여 보아요. 움직이는 동안 자석이 지퍼백에서 떨어지지 않도록 잘 잡고 15~20초 정도 원을 그리며 돌립니다.

❺ 이제 지퍼백과 자석을 조심스럽게 뒤집어, 자석이 지퍼백 위쪽에 오게 합니다. 그리고 자석을 지퍼백 위로 살살 밀면서 지퍼백 속 공기층 바로 위에 오게 합니다.

❻ 자석을 계속해서 작게 빙빙 돌리면서, 철분 부스러기가 더 잘 보이게 한데 모아 보세요.

이렇게 관찰해요
물과 시리얼을 넣은 지퍼백 위로 자석을 움직일 때, 무엇을 관찰했나요?

응용해 봐요
지퍼백에서 철분 부스러기를 모아, 주방 저울로 무게를 달아 볼 방법이 있을까요? 다른 시리얼이나 아기용 쌀 시리얼, 또 시리얼 외에도 여러 철분 강화식품들을 시험해 보고, 각 식품에서 철분을 얼마나 빼낼 수 있는지 확인해 보세요.

무슨 원리일까요
철분은 자석에 끌리는 금속이므로, 첨가한 식품에서 추출할 수 있답니다.

교과서 속 과학 개념

철분

철분은 철의 성분으로, 우리가 살아가는 데 필요한 영양소인 무기염류의 한 종류입니다. 철분은 우리 몸의 각 조직에 산소를 운반하는 데 필요한 중요한 영양소입니다. 또한 우리가 먹는 시리얼에 들어 있는 철분은 철의 산화물을 환원시킨 '환원철'이라고 하는데, 먹을 수 있도록 깨끗하게 정제된 것입니다. 주위에서 흔히 볼 수 있는 철은 해로울 수 있으니 먹어서는 안 됩니다.

바람으로 달리는 자동차

교과서 : 3학년 2학기 5단원 물질의 상태	실험 난이도 : 쉬워요
6학년 2학기 에너지와 생활	총 실험 시간 : 45분
핵심 개념 : 동력, 바람, 돛	관련 분야 : 공학, 수학

돛을 설계해서 만들고, 그 돛을 장난감 차에 붙여 바람을 동력으로 움직이는 자동차를 만들 수 있을까요? 만든 자동차를 가지고, 누구 차가 더 멀리 가는지 친구와 시합도 해 봐요.

준비물

☐ 다양한 만들기 재료
(종이, 나무 막대기, 색인 카드, 나무 꼬치, 비닐봉지, 끈 등)

☐ 가위

☐ 접착테이프

☐ 장난감 차

☐ 선풍기 또는 드라이기

☐ 줄자

🧪 실험 방법과 순서

❶ 집에 있는 다양한 만들기 재료를 활용해 장난감 차에 붙일 작은 돛을 만듭니다.

❷ 만든 돛을 장난감 차에 접착테이프로 붙입니다.

❸ 먼저 선풍기나 드라이기로 돛에 바람을 일으켜 시험해 보세요. 선풍기나 드라이기가 없다면 그냥 입으로 바람을 불어도 됩니다.

❹ 이제 바람이 나올 곳 바로 앞에 바람을 동력으로 해서 가는 자동차를 둡니다. 이때 줄자를 바닥에 놓고, 덩달아 바람에 날려가지 않게 접착테이프로 붙여 둡니다.

❺ 선풍기 또는 드라이기를 켜고, 장난감 자동차가 얼마나 멀리까지 가는지 지켜보세요.

🔍 이렇게 관찰해요

어떤 모양으로 돛을 만들었을 때, 장난감 자동차가 가장 멀리 움직이나요? 설계를 어떻게 바꾸면 성능이 더 좋아질까요?

⭐ 응용해 보요

장난감 자동차에 동전 몇 개를 접착테이프로 붙여서 무게를 늘려 보세요. 이렇게 하면 이동 거리에 어떤 영향을 주나요?

❓ 무슨 원리일까요

공기는 액체와 마찬가지로 산소, 질소, 이산화탄소와 같은 아주 작은 기체 입자로 이루어져 있어요. 그리고 빠른 바람일수록 공기 입자들도 빨리 움직이지요. 빠르게 움직이는 공기 입자들이 돛을 미는 힘에 의해 자동차가 앞으로 나아가게 됩니다.

📖 교과서 속 과학 개념 ✏️

동력
동력이란 물체의 활동을 일으키는 밑바탕이 되는 각종 에너지를 말합니다. 또한 기계적인 일을 하는 데 직접 이용되는 에너지나 그 작용을 말하기도 해요. 동력에는 바람의 힘을 이용하는 풍력, 물의 힘을 이용하는 수력, 핵분열을 이용한 원자력 등이 있어요.

바람
바람은 공기의 압력이 높은 곳에서 낮은 곳으로 공기가 흘러가는 것이랍니다.

돛
돛은 바람의 힘을 이용해 배를 움직일 수 있도록 만든 것으로, 배의 바닥에 세운 기둥에 매어 펴 올리고 내리도록 만든 넓은 천을 말해요.

떠다니는 나침반

- 교과서 : 3학년 1학기 4단원 자석의 이용
- 핵심 개념 : 자기력, 자기장
- 실험 난이도 : 쉬워요
- 총 실험 시간 : 10분
- 관련 분야 : 과학

자북극(지구 자기장으로 생기는 북극)은 어느 쪽일까요? 자석과 몇 가지 가정용품을 사용해, 북쪽이 정확히 어디인지 빠르고 쉽게 알아봐요.

준비물

- 막대자석(N극과 S극이 확실하게 표시된 것)
- 접착테이프
- 바닥이 평평한 플라스틱 반찬통(작은 것)
- 물을 가득 채운 큰 그릇

실험 방법과 순서

1. 작은 플라스틱 반찬통 안쪽 바닥에 자석을 놓고 접착테이프로 붙입니다.
2. 물을 채운 큰 그릇 안에 플라스틱 반찬통을 넣어 물에 둥둥 띄웁니다.
3. 플라스틱 반찬통이 움직임을 멈출 때까지 몇 분간 기다립니다.

이렇게 관찰해요

어느 쪽이 북쪽인가요? 플라스틱 반찬통을 손으로 몇 번 빙빙 돌린 뒤, 이번에도 자석이 같은 방향으로 멈추는지 확인해 보세요.

응용해 보요

준비물: 바늘 1개, 작은 원형으로 오린 종이

바늘 하나를 들어서 막대자석 한쪽 끝에 대고 같은 방향으로 20번 쓸어내려 바늘이 자석과 같은 자력을 띠도록 합니다. 작은 원형으로 오린 종이를 미리 준비해 두었다가, 자력을 띠고 있는 바늘로 천을 꿰듯이 종이를 꿰니다. 바늘을 종이 끝에서 끝까지 다 꿰지 말고, 종이 가운데쯤 놓이게 반듯하게 꿰니다.(바느질할 때 천을 고정하기 위해 시침핀으로 고정하듯이 바늘을 끼우면 됩니다.)

이제 물을 넣은 큰 그릇에 이 바늘 꿴 종이를 띄우세요. 이때 바늘이 가리키는 방향을 눈으로 확인할 수 있도록, 바늘 양쪽 끝이 종이 위에 보이는 상태로 물에 넣어야 합니다. 그 뒤 바늘이 어느 쪽을 가리키는지 확인해 보세요.

❓ 무슨 원리일까요

물에 넣은 작은 플라스틱 반찬통을 아무리 돌려 봐도, 결국에는 자석이 북쪽을 가리키는 상태에서 멈출 거예요. 그 이유는 지구에 막대자석을 끌어당겨서 북쪽과 남쪽을 가리키게 조정하는 자기장이 있어서지요.

📖 교과서 속 과학 개념 ✏️

자기력

자기력은 자석처럼 자성이 있는 물체가 철로 된 물체를 끌어당기거나 같은 극끼리는 밀어내고, 다른 극끼리는 끌어당기는 힘을 말합니다. 자기력은 '자력'이라고도 하죠. 또 철로 된 바늘처럼 자석이 아닌 물체가 자석의 성질을 가지게 되는 것을 '자화'라고 합니다. 자석의 다른 극끼리 서로 끌어당기는 힘은 '인력'이라고 하고, 자석의 같은 극끼리 서로 밀어내는 힘을 '척력'이라고 해요.

자기장

자기장은 자석의 주위에 자석의 힘이 작용하는 공간을 말합니다. 자기장은 눈에 보이지 않지만, 철가루를 뿌린 투명한 판 밑에 자석을 가까이 가져가면 철가루가 늘어서는 모양을 통해 자기장이 형성되어 있음을 확인할 수 있습니다.

베이킹소다 쾌속정

교과서 : 5학년 2학기 5단원 산과 염기 6학년 1학기 3단원 여러 가지 기체	실험 난이도 : 쉬워요 총 실험 시간 : 20분
핵심 개념 : 작용, 반작용	관련 분야 : 과학, 공학

다른 힘에 도움을 받지 않고 스스로 물을 헤치고 나아가는 배를 만들 수 있을까요? 주변에서 흔히 볼 수 있는 화학 반응을 이용해서 동력을 마련하고, 뉴턴의 운동법칙 가운데 제3법칙도 배워 봐요.

준비물

- 피피 캡(뚜껑 윗부분을 당겨서 여닫는 제품)
  뚜껑이 있는 페트병
- 계량컵, 계량스푼
- 식품 착색제
- 두루마리 휴지
- 식초 1.5컵
- 베이킹소다 1큰술
  (병의 크기에 따라 실험이 제대로 되려면 베이킹소다와 식초의 양을 2배까지 늘려야 할 수도 있어요.)

🧪 실험 방법과 순서

1. 욕조에 물을 15cm 정도 채웁니다.
2. 병뚜껑에서 피피 캡은 반드시 밀어 올려서 열린 상태로 두세요.
3. 병뚜껑 전체를 돌려 페트병에서 분리한 뒤, 병에 식초를 붓습니다.
4. 식품 착색제를 몇 방울 떨어뜨립니다.
5. 두루마리 휴지 2칸을 뜯어 구김 없이 잘 폅니다. 그 위에 준비한 베이킹소다를 붓고, 휴지를 주머니 모양으로 잘 접어 베이킹소다를 감쌉니다.
6. 식초를 넣은 병을 욕조 위쪽에 대고, 병 안으로 베이킹소다 주머니를 집어넣은 뒤, 병뚜껑을 재빨리 돌려 꽉 닫습니다.
7. 이제 욕조에 채운 물에 병을 놓고, 배가 저절로 물을 헤치고 가는 모습을 관찰합니다.

⚠️ 이런 점은 조심해요

이 실험을 하면 주변이 조금 어질러질 수 있어요. 특히 뚜껑을 씌울 때는, 배를 욕조 위에 대고 하세요.

🔍 이렇게 관찰해요

뚜껑을 돌려 닫으면 배가 어떻게 되나요? 어떤 흥미로운 점이 눈에 보이나요?

> **교과서 속 과학 개념**
>
> **작용과 반작용(뉴턴의 운동 제3법칙)**
> 뉴턴의 운동법칙에는 세 가지가 있는데, 그중 세 번째가 작용·반작용의 법칙입니다. 두 물체가 서로 힘을 가하고 있다면, 두 물체는 똑같은 크기의 힘을 서로 반대 방향으로 받고 있는 거예요.
> 작용과 반작용에 대해 다시 말하자면, A물체가 B물체에 힘을 가하면, B물체는 A물체로부터 받은 힘과 크기가 같고 방향이 반대인 힘을 A물체에 가하는 것입니다. 여기서 A가 B에 힘을 가하는 것이 '작용'이고, B가 A에 힘을 가하는 것이 '반작용'이 됩니다.

⭐ 응용해 보요

병에 집어넣는 베이킹소다와 식초의 양을 달리해서 실험해 보고, 어떻게 했을 때 배가 더 오래 앞으로 나가는지 알아보세요.

❓ 무슨 원리일까요

뉴턴의 운동 제3법칙에 따르면, 모든 작용에는 반대 방향으로 가는 반작용이 있습니다. 이 실험에서 작용은 배 뒤로 뿜어져 물을 밀고 나가는 이산화탄소 거품입니다. 반작용은 배 뒤에서 같은 힘으로 배를 미는 물인데, 이 반작용이 배를 앞으로 나가게 하지요.
베이킹소다와 식초는 서로 화학 반응해서 이산화탄소 가스를 만드는데, 이 이산화탄소가 거품이 되어 강하게 나오면서, 뒤쪽으로는 용액도 어느 정도 끌고 간답니다.

저절로 휘어지는 물

- 교과서 : 6학년 2학기 1단원 전기의 이용
- 핵심 개념 : 정전기, 전자
- 실험 난이도 : 쉬워요
- 총 실험 시간 : 10분
- 관련 분야 : 과학

물도, 수도꼭지도 만지지 않은 상태에서 수도에서 흐르는 물을 움직일 수 있을까요? 정전기를 이용해 물에 마치 끈이라도 달린 듯 휘어지게 하는 놀라운 마술을 펼쳐 봐요.

준비물

- ☐ 수도
- ☐ 물기 없는 플라스틱 빗

실험 방법과 순서

① 물줄기가 졸졸 가늘게 나오게 수도꼭지를 살짝 열어 두세요.

② 빗으로 머리를 여러 번 빗으세요.

③ 빗을 물줄기 바로 옆에 댑니다. 단, 절대로 빗이 물줄기에 직접 닿지 않게 하세요.

이렇게 관찰해요

빗을 물줄기 가까이 대면 물은 어떻게 되나요?

응용해 봐요

물 온도는 물줄기가 빗 쪽으로 얼마나 휘어지느냐에 영향을 줄까요? 정전기를 일으킨 풍선이나 플라스틱 숟가락 등 다른 물건을 사용해도 물줄기를 휘게 할 수 있나요?

무슨 원리일까요

머리를 빗으면 플라스틱 빗에 전자가 모여요. 그러면 빗에 정전기가 쌓여, 마치 마법처럼 물줄기를 당기게 되지요. 이 실험 결과가 제대로 나오려면 공기가 건조해야 합니다. 습기가 너무 많으면 빗에 쌓인 전자가 대기 중에 있는 물 분자에 달라붙거든요. 그러니까 수증기가 가득한 욕실에서 이 실험을 하면 안 된다는 뜻이에요.

교과서 속 과학 개념

정전기

정전기는 물체가 마찰할 때 발생하는 마찰 전기의 일종이에요. 보통의 물체는 양전하와 음전하의 양이 같아서 전기적 성질을 띠지 않아요. 하지만 다른 물체와의 접촉이나 마찰에 의해서 음전하가 이동하여 전기적 성질을 띠게 됩니다.

전자

물질은 아주 작은 알갱이인 원자로 이루어져 있습니다. 이 원자에는 양성자와 중성자로 이루어진 원자핵이라는 것이 있고, 그 주위를 전자가 돌고 있답니다. 원자를 구성하는 작은 입자인 양성자는 양의 전하를, 전자는 음의 전하를 띱니다. 보통의 원자에는 양성자와 전자의 수가 같아서 전기적으로 중성전하를 띠고 있지만, 전자는 이동을 할 수가 있어요. 그래서 전자가 다른 곳으로 이동하면 원자가 양의 전하를 띠게 됩니다. 반대로 전자가 이동해 간 원자는 음의 전하가 되는 것이지요.

레몬 건전지

교과서 : 6학년 2학기 1단원 전기의 이용
핵심 개념 : 전류

실험 난이도 : 보통이에요
총 실험 시간 : 30분
관련 분야 : 과학

오로지 과일만 전력원으로 써서 전구에 불을 켤 수 있을까요? 실험을 통해 회로와 전자 흐름, 그리고 실제 건전지가 작동하는 방식을 배워 봐요.

준비물

- □ 레몬 4개
- □ 부엌칼
- □ 10원짜리 동전 4개 (또는 구리판이나 구리 필름)
- □ 아연 못 4개
- □ 집게 전선 5개
- □ 5mm LED 전구

🧪 실험 방법과 순서

❶ 레몬을 쥐어짜고 손바닥으로 굴려서, 안에 있는 즙과 과육을 부드럽게 만듭니다.

❷ 부엌칼 끝으로 레몬 4개에 작은 틈을 냅니다.

❸ ❷에서 칼로 낸 틈에 10원짜리 동전을 꽂아 넣어 절반쯤 들어가게 합니다. 동전을 꼭 레몬 안쪽, 과즙이 있는 부분까지 닿게 꽂아야 해요.

❹ 레몬 4개 전부에 아연 못 하나씩을 밀어 넣습니다. 이때 못이 동전에 닿지 않게 조심합니다.

❺ 집게 전선 3개를 먼저 준비해서 레몬 하나에 꽂은 동전과 다른 레몬에 꽂은 못을 번갈아 연결하는 방식으로 레몬 4개가 다 이어지게 합니다.

❻ 네 번째 집게 전선으로 한끝은 마지막 못에 연결하고, 다른 한끝은 LED 전구에 연결합니다.

❼ 다섯 번째 집게 전선을 마지막 동전에 연결하고, 그 다음에는 LED 전구에 연결합니다.

❽ 이제 전구에 불이 들어와야 합니다. 만일 ❼까지 했는데도 전구에 불이 들어오지 않았다면 전구를 집게 전선에서 분리한 뒤, 반대로 돌려서 다시 연결하세요. 전구 핀 2개가 아까와는 반대로 전선에 이어지게 해야 해요. 전기 회로 전체가 바르게 연결되었는지 다시 확인합니다.

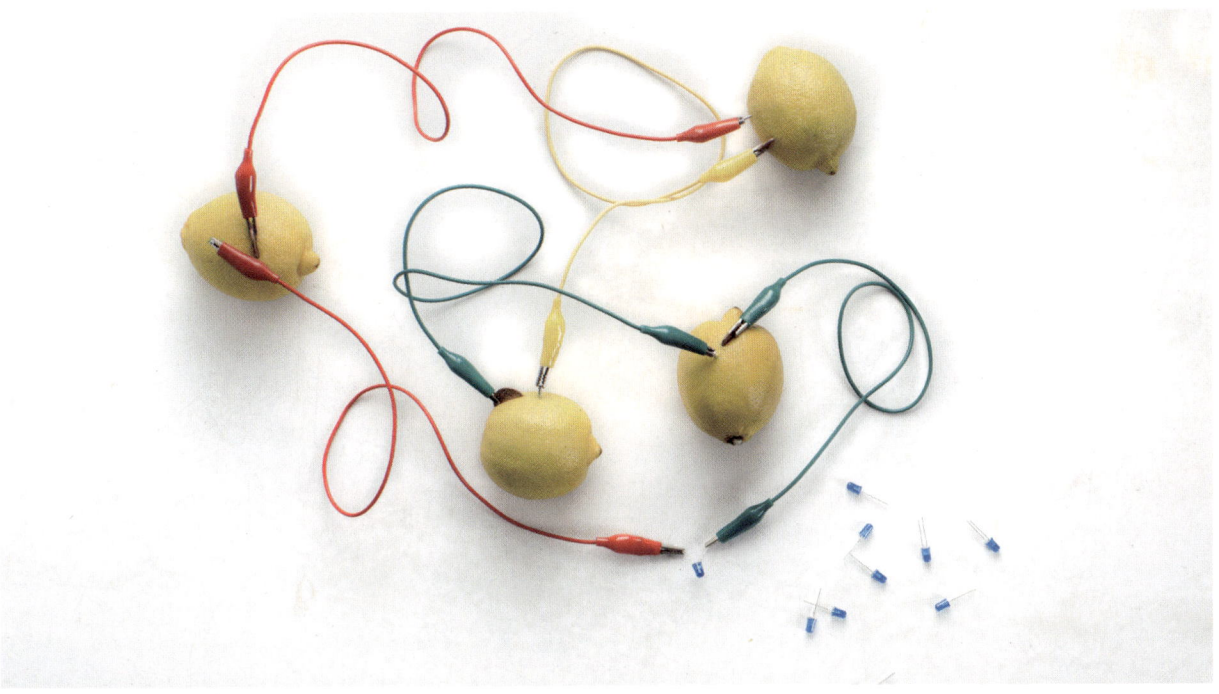

⚠ 이런 점은 조심해요

레몬을 칼로 썰 때는 반드시 어른에게 도움을 받으세요.

⭐ 응용해 보요

나머지 준비물은 그대로 사용하되, 과일만 다른 과일로 바꿔 건전지를 만들 수 있을까요?

❓ 무슨 원리일까요

건전지는 산성 용액에 담긴 금속 두 가지로 만듭니다. 그리고 한 금속에서 다른 금속으로 전자가 이동하면서 건전지에 전력을 공급하지요.
이 레몬 건전지에서 금속 두 가지는 아연(도금한 못)과 구리(동전)입니다. 그리고 전자가 레몬에 있는 산성 즙을 통해 못에서 동전으로 이동하고요. 이렇게 레몬 하나하나에서 LED 전구로 흐르는 전류가 생겨, 전구에 불이 들어오게 된답니다.

🔍 이렇게 관찰해요

왜 회로 전체가 바르게 연결되었을 때만 전구에 불이 들어올까요? 이 건전지는 왜 이렇게 한 방향으로만 작동할까요?

📖 교과서 속 과학 개념

전류

우리가 전자 제품을 사용할 수 있는 이유는 전자 제품에 연결된 전선을 따라 전류가 흐르기 때문이에요. 음전하를 띠는 전자가 이동하여 생기는 전하의 흐름을 '전류'라고 하는데, 보통은 전기가 흐른다고 표현한답니다.

자석으로 가는 자동차

교과서 : 3학년 1학기 4단원 자석의 이용	실험 난이도 : 쉬워요
핵심 개념 : 자기력, 자기장	총 실험 시간 : 10분
	관련 분야 : 과학

손을 대지 않고도 장난감 자동차를 움직이게 할 수 있을까요? 일반 장난감 자동차를 자석 자동차로 만들면 가능하답니다. 자기는 눈에 보이지 않지만, 굉장한 힘을 가지고 있어요. 이 자기를 이용해 자동차를 앞으로 밀고, 돌리고, 주차까지 해 보자고요.

준비물

- ☐ 마스킹 테이프 또는 색테이프
- ☐ 장난감 자동차
- ☐ 막대자석
- ☐ 자석 지팡이 또는 말굽자석

❗ 이런 점은 조심해요

실험을 하기 전에, 먼저 바닥에 마스킹 테이프를 붙여도 되는지 어른에게 허락을 받으세요.

🧪 실험 방법과 순서

❶ 매끄러운 바닥에 마스킹 테이프로 길을 만듭니다. 또 테이프로 장난감 자동차가 다닐 도로와 주차장도 표시하세요.

❷ 장난감 자동차 지붕 위에 막대자석을 테이프로 단단히 붙입니다.

❸ 이제 자석 지팡이를 사용해서 자동차를 밀어내도 보고, 끌어당겨도 봅니다. 손을 대지 않고도 회전하고, 뒤로 가고, 도로를 달릴 수 있는지 확인해 보세요.

🔍 이렇게 관찰해요

테이프로 만든 길을 따라 실험할 때, 자석으로 자동차를 밀어내기가 더 쉬운가요, 끌어당기기가 더 쉬운가요?

⭐ 응용해 보요

자석으로 가는 자동차를 여러 대 만들고, 이 자동차들이 나란히 움직일 때 서로 어떤 식으로 작용하는지 알아보세요.

❓ 무슨 원리일까요

자석에는 눈에 보이지 않는 자기장이 있어서, 다른 자석이나 자기가 있는 물체들을 끌어당겨요. 자석 한쪽 끝은 '북극(N극)'이고 반대쪽 끝은 '남극(S극)'이지요. 같은 극끼리(N극과 N극, S극과 S극)는 서로 밀어내지만, 서로 다른 극들(N극과 S극)은 끌어당깁니다. 자석 한끝이 어떤 물체를 밀어낸다면 자석 방향을 반대로 바꿔서, 이번에는 그 물체를 끌어당기는지 한 번 확인해 보세요. 이 실험을 해 보면, 자기력이 장난감 자동차를 방 여기저기로 밀고 다닐 정도로 강하다는 걸 알 수 있답니다.

📖 교과서 속 과학 개념 ✏️

자기력

자기력은 자석처럼 자성이 있는 물체가 철로 된 물체를 끌어당기거나 같은 극끼리는 밀어내고, 다른 극끼리는 끌어당기는 힘을 말합니다. 자기력은 '자력'이라고도 합니다.

자석의 다른 극끼리 서로 끌어당기는 힘은 '인력'이라고 하고, 자석의 같은 극끼리 서로 밀어내는 힘을 '척력'이라고 해요.

자기장

자기장은 자석의 주위에 자석의 힘이 작용하는 공간을 말합니다. 자기장은 눈에 보이지 않지만, 철가루를 뿌린 투명한 판 밑에 자석을 가까이 대면 철가루가 늘어서는 모양을 통해 자기장이 형성되어 있음을 확인할 수 있습니다.

종이 회로 미술 놀이

교과서 : 6학년 2학기 1단원 전기의 이용	**실험 난이도** : 조금 어려워요
핵심 개념 : 전력, 닫힌회로, 열린회로	**총 실험 시간** : 60분
	관련 분야 : 과학, 미술

전기는 우리가 매일 사용하는 다양한 장치들에 전력을 제공해요. 이러한 장치들에는 모두 전기 회로, 즉 전자가 흘러나오는 통로가 있어요. 이런 전기 회로를 종이로 만들 수 있을까요? 그리고 이 종이 전기 회로는 멋진 작품도 된답니다. 전자 용품 몇 가지만 사용해서 반짝반짝 불이 들어오는 생일 축하 촛불 카드를 만들거나, 밤하늘에 빛나는 별자리 그림을 그려 봐요.

❗ 이런 점은 조심해요

단추형 건전지는 삼키면 매우 위험해요. 이 실험에서 만든 카드나 준비물로 쓰인 전자 용품들을 어린 동생들의 손이 닿는 곳에 놓으면 절대 안 돼요!

준비물

- ☐ 두꺼운 종이(판지, 마분지 등)
- ☐ 구리 테이프(너비 약 0.5cm, 양면 전도성)
- ☐ 가위
- ☐ 3V 단추형 건전지(CR2032, CR2025)
- ☐ 5mm LED 전구
- ☐ 스카치테이프

🧪 실험 방법과 순서

❶ 먼저 두꺼운 종이로 단순 회로를 만들어요. 구리 테이프를 종이 위에 정사각형 모양으로 붙이고, 필요하면 가위를 써서 정사각형 한 면에는 아주 작은 틈을 만듭니다. 정사각형 모서리 세 곳은 전부 이어지게 하되, 네 번째 모서리는 양쪽 끝을 벌려 놔서 공간을 남겨 둡니다.

확인: 정사각형 모양에서 두 군데가 이어지지 않는 것이고, 사진을 보면 연결되지 않은 한쪽에 단추형 건전지를 연결했어요.

❷ 벌어진 구리 테이프 모서리 한끝에 단추형 건전지를 놓습니다. 이때 건전지 방향은 바닥(음극)이 아래에 있게 합니다.

❸ 남아 있는 구리 테이프를 단추형 건전지 위쪽(양극)으로 붙인 다음, 벌어져 있던 정사각형 네 번째 모서리 끝까지 연결합니다.

확인: 건전지를 1개만 연결해야 합니다. 건전지 2개는 전압이 높아 LED 전구가 터질 수 있어요. 모서리가 연결되지 않은 두 곳 중 한 곳에는 단추형 건전지의 위, 아래 즉 양극과 음극에 구리 테이프를 각각 연결하고, 나머지 구리 테이프가 연결되지 않은 곳에 LED 전구를 연결하여 닫힌회로를 구성하는 거예요.

❹ ❶에서 정사각형 한 면에 만들어 둔 작은 틈 위에 LED 전구 하나를 놓습니다. 이때 반드시 LED 전구 핀 2개가 다 테이프에 닿아 있어야 해요.

❺ LED 전구에 불이 들어오면 제대로 놓였다는 뜻입니다. 이렇게 해서 닫힌회로를 만들었습니다. 불이 들어왔다면 전구를 스카치테이프로 붙여 잘 고정하세요.

❻ 만일 불이 들어오지 않았다면 전구 방향을 180도 뒤집어 봅니다. LED 전구는 한 방향으로만 작동하거든요.

❼ 종이로 단순회로를 만드는 데 성공했으면, 이제 상상력을 발휘해서 이 회로와 LED 전구들을 배열해 보고, 멋지게 꾸며서 친구에게 보낼 카드를 만들어 보세요.

🔍 이렇게 관찰해요

LED 전구를 연결하려면 왜 틈을 남겨야 할까요? 만일 구리 테이프에 틈이 없다면 전구에 불이 들어올까요?

⭐ 응용해 보요

켜고 끌 수 있는 스위치가 달린 종이 회로 카드도 만들 수 있을까요? 하나만 귀띔하자면, 가느다란 못에 종이 클립을 달면 종이 위에서 아주 쉽게 돌아간답니다.

❓ 무슨 원리일까요

전자들이 건전지 음극에서 흘러나와 구리 테이프를 통과해 닫힌 전기 회로 전체를 돕니다. 회로가 닫힌 상태이면 LED 전구가 켜지고, 회로가 열린 상태이면 전구에는 불이 들어오지 않습니다.

📖 교과서 속 과학 개념

전력

전력이란 전기 에너지가 일정한 시간 동안 하는 일을 말합니다. 우리가 사용하는 전기 제품에는 소비전력이 표시되어 있는데요. 말 그대로 전기 제품이 일정한 시간 동안 소비하는 전력이라는 뜻이에요. 소비전력이 높은 제품은 전기를 많이 사용하게 되겠죠?

닫힌회로, 열린회로

전기는 완전한 고리 회로가 있어야 전류가 흐릅니다. 전류가 흐르는 이 길을 '닫힌회로(폐회로)'라고 불러요. 연필로 건전지에서부터 전선, 전구 등을 이어서 그릴 때, 중간에 끊어지는 부분 없이 처음 시작한 건전지로 돌아오게 그릴 수 있다면, 전류가 흐를 수 있는 닫힌회로가 됩니다. 만약 이 길이 어떤 식으로든 끊기거나 막히면, 전류가 흐를 수 없어서 '열린회로(개회로)'가 됩니다.

자석 꼭두각시 인형

- **교과서** : 3학년 1학기 4단원 자석의 이용
  3학년 1학기 2단원 물질의 성질
- **핵심 개념** : 자기력
- **실험 난이도** : 쉬워요
- **총 실험 시간** : 30분
- **관련 분야** : 과학, 공학

종이 꼭두각시 인형이 다른 힘에 도움을 받지 않고 스스로 날 수 있을까요? 자석은 판지를 뚫고 물체를 끌어당길까요? 내 손으로 판지 상자 극장을 만들어 자기를 실험해 보고, 덤으로 자석 꼭두각시 인형극 놀이도 해 보세요.

준비물

- ☐ 판지 상자
- ☐ 끈
- ☐ 가위
- ☐ 사인펜
- ☐ 종이
- ☐ 종이 클립
- ☐ 접착테이프
- ☐ 자석

실험 방법과 순서

1. 판지 상자를 옆으로 뉘어서, 열린 쪽이 나와 마주 보게 합니다. 가위로 상자 높이와 거의 같은 길이로 끈을 잘라 놓습니다.

2. 종이에 사인펜으로 나비, 새, 박쥐, 비행기, 풍선 등, 날아다니는 동물이나 기계를 하나 그려서 가위로 오려 냅니다.

3. 잘라 놓은 끈 한끝을 종이 클립에 묶습니다. 그 다음 끈으로 묶은 클립을 ❷에서 만든 종이 꼭두각시 인형 뒷면에 접착테이프로 붙입니다.

4. 이 종이 인형을 상자 속에서 거의 꼭대기 위치에 두고 아래로 흘러내린 끈은 팽팽하게 잡아당겨 끝을 상자 바닥에 테이프로 붙입니다.

5. 이제 상자 바깥쪽 위에 자석을 갖다댑니다. 그리고 종이 인형을 집어들어 자석 가까이로 바짝 당겨 올립니다.

6. 상자 위에서 자석을 이리저리 움직이며, 종이 인형에게 어떤 일이 일어나는지 관찰해 보세요!

🔍 이렇게 관찰해요

자석을 이리저리 움직이면 종이 인형은 어떻게 되나요?

⭐ 응용해 봐요

여러 가지 다른 자석으로 실험해 보고, 어떤 자석을 사용했을 때 가장 잘 움직이는지 확인해 보세요. 다른 자석보다 훨씬 강력한 자석이 있나요?

❓ 무슨 원리일까요

금속 종이 클립은 강철로 만드는데, 강철에는 철이 들어 있습니다. 자석과 철 사이에 작용하는 자기력은 매우 강력해서, 자석 힘이 판지 상자를 통과해서까지 종이 클립을 끌어당기게 되지요.

📖 **교과서 속 과학 개념** ✏️

자기력

자기력은 자석처럼 자성이 있는 물체가 철로 된 물체를 끌어당기거나 같은 극끼리는 밀어내고, 다른 극끼리는 끌어당기는 힘을 말합니다. 자기력은 '자력'이라고도 합니다.

자석의 다른 극끼리 서로 끌어당기는 힘은 '인력'이라고 하고, 자석의 같은 극끼리 서로 밀어내는 힘을 '척력'이라고 해요.

자석으로 만든 추

- **교과서**: 3학년 1학기 4단원 자석의 이용
- **핵심 개념**: 자기력
- **실험 난이도**: 쉬워요
- **총 실험 시간**: 30분
- **관련 분야**: 과학, 공학

자석으로 추를 만들어서, 몇 분 동안 계속 이리저리 흔들거리며 빙글빙글 돌게 할 수 있을까요? 바닥에 자석들을 깔아 놓고 추의 중심점에 자석을 묶은 뒤, 이 추가 어느 방향으로 흔들리는지 관찰해 보세요.

준비물

- ☐ 의자 2개
- ☐ 빗자루(또는 긴 막대)
- ☐ 자석 지팡이
- ☐ 끈
- ☐ 가위
- ☐ 접착테이프
- ☐ 다른 자석 여러 개와 집에 있는 금속 물체

실험 방법과 순서

1. 평평한 바닥에 의자 2개를 두고, 서로 1m 정도 떨어뜨려 놓습니다. 만약 준비한 빗자루 길이가 짧다면 의자를 좀 더 가깝게 놓으세요.

2. 양쪽 의자에 빗자루를 가로로 걸쳐 놓습니다. 이때 빗자루는 의자 앉는 부분에 걸쳐야 해요.

3. 자석 지팡이를 준비한 끈 끝에 묶습니다. 지팡이 모양의 자석이 없으면 막대자석이나 말굽자석을 끈 끝에 접착테이프로 붙여도 괜찮아요.

4. 이제 반대편 끈을 빗자루 손잡이에 묶어, 자석 지팡이가 바닥에서 30cm 정도 떠 있게 합니다. 묶은 끈은 빗자루 손잡이에 접착테이프로 고정해 두세요.

   주의: 바닥에 있는 금속 물체나 다른 자석에 힘을 미칠 정도로 바닥과 거리가 아주 가까워야 하지만, 그렇다고 모든 물체가 바로 달라붙을 정도로 가까워서는 안 됩니다.

5. 자석 지팡이 아래쪽 바닥에 크기가 작은 자석들과 금속 물체들을 여러 개 늘어놓습니다.

6. 자석 지팡이를 잡아당겼다가 다시 놓아서, 바닥에 놓인 물체들 위에서 양쪽으로 흔들리게 해 보세요.

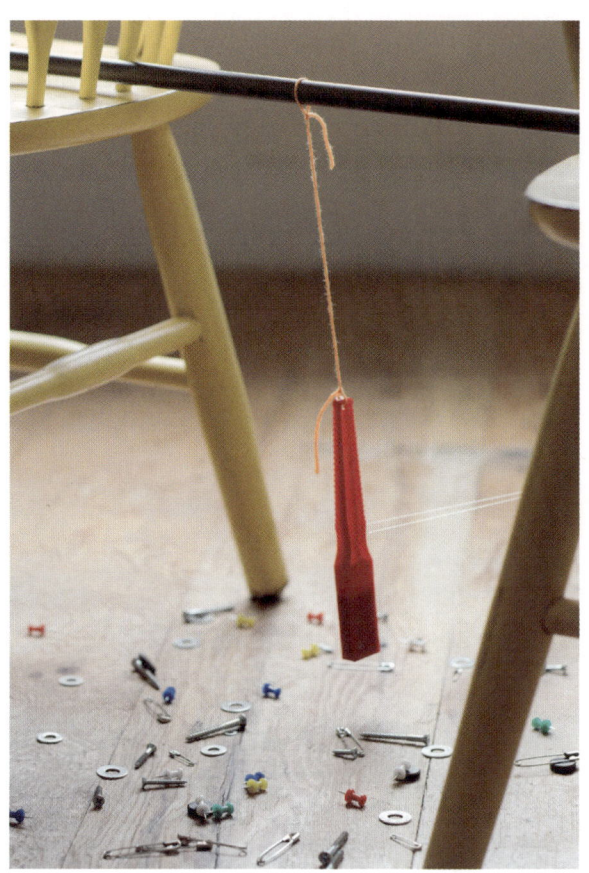

❓ 무슨 원리일까요

외부의 힘이 전혀 없다면 추는 중심축을 맴돌면서 계속 흔들리겠지요. 그렇지만 자석과 금속 사이에 존재하는 자기력 때문에, 이 추는 우리가 예상하지 못한 방식으로 흔들리며 빙빙 돌게 됩니다.

📖 **교과서 속 과학 개념** ✏️

자기력

자기력은 자석처럼 자성이 있는 물체가 철로 된 물체를 끌어당기거나 같은 극끼리는 밀어내고, 다른 극끼리는 끌어당기는 힘을 말합니다. 자기력은 '자력'이라고도 합니다.
자석의 다른 극끼리 서로 끌어당기는 힘은 '인력'이라고 하고, 자석의 같은 극끼리 서로 밀어내는 힘을 '척력'이라고 해요.

🔍 이렇게 관찰해요

자석 지팡이가 다른 자석과 금속 물체 위에서 흔들릴 때, 어떤 일이 벌어지나요?

⭐ 응용해 보요

크기가 작은 자석들과 금속 물체들을 여러 가지 다른 모양으로 바닥에 늘어놓습니다. 자석 지팡이를 흔드는 방향도 다양하게 바꿔 보세요. 그렇게 하면 결과가 어떻게 바뀌나요?

전자석 만들기

★ 교과서 : 6학년 2학기 1단원 전기의 이용
핵심 개념 : 전자석

실험 난이도 : 보통이에요
총 실험 시간 : 30분
관련 분야 : 과학

전자석은 우리 주변 어디에나 있어요. 전동 칫솔이나 초인종, 잔디 깎기 같은 전기용품들은 자석을 사용해 에너지를 운동으로 바꿉니다. 이런 전자석을 내 손으로 직접 만들 수 있을까요?

준비물

- ☐ 절연 구리 전선 약 1m(피복이 된 구리 전선)
- ☐ 8~15cm 쇠못 또는 긴 드라이버
- ☐ 전선 탈피기
- ☐ 접착테이프
- ☐ D형 건전지
- ☐ 종이 클립, 압핀, 와셔 등 작은 금속 물체

❗ 이런 점은 조심해요

건전지에 전선을 연결한 상태일 때는, 맨손으로 잡거나 만지지 마세요. 전류가 전선을 타고 흐르면서 뜨거워지거든요. 그리고 전자석 전선들은 집에 있는 콘센트 근처에 두면 절대 안 돼요!

🧪 실험 방법과 순서

❶ 전선으로 못을 단단히 감으세요. 이때 전선이 서로 겹치지 않게 주의합니다. 못 양쪽 끝으로 전선을 15~20cm 정도 남겨 둡니다. 못이 길고 전선을 많이 감을수록, 실험은 더 잘 돼요.

❷ 전선 탈피기로 전선 양쪽 끝 피복을 2.5cm쯤 벗겨 냅니다.

❸ 접착테이프를 길게 잘라서 D형 건전지를 식탁에 단단히 붙인 다음, 움직이지 않게 고정합니다.

❹ 전선 한끝을 건전지 한끝에 대고 접착테이프로 꼭 붙입니다.

❺ 전선 다른 쪽 끝도 건전지 다른 쪽 끝에 대고 접착테이프로 단단히 붙이세요. 전선에서 피복을 벗겨 드러난 부분은 뜨거워지므로, 손으로 만지면 안 됩니다.

❻ 이제 전자석을 다 만들었어요! 못으로 작은 금속 물체들을 들어 올려 보세요. 만일 안 되면 전선이 건전지 양 끝에 제대로 연결되어 있는지, 새 건전지를 사용했는지 확인합니다.

🔍 이렇게 관찰해요

못으로 종이 클립이나 압핀을 몇 개까지 들어 올릴 수 있나요?

⭐ 응용해 보요

이번에는 건전지 2개를 사용해서 전자석을 만들어 보세요. 한 건전지의 양극을 다른 건전지의 음극에 연결하고, 다른 끝에는 각각 전선을 연결해요. 이 새로운 전자석이 더 강력한가요? 못으로 종이 클립이나 압핀을 몇 개나 들어 올릴 수 있나요?

❓ 무슨 원리일까요

전선이 건전지 양 끝에 연결되면, 전선을 통하는 전류가 생기면서 동시에 전기 회로가 생깁니다. 이렇게 되면 못에 감은 전선 주변으로 자기장이 생기고, 금속인 못이 자석처럼 자기를 띠게 되지요. 하지만 이 자석은 회로를 끊으면 없어지고, 회로를 이으면 다시 생기는 자석이에요. 고철 처리장에 있는 거대한 전자석들도 이런 원리로 작동해 고철이나 폐차를 움직인답니다.

📖 교과서 속 과학 개념

전자석

전자석이란 전류가 흐르면 자석의 성질을 나타내고, 전류가 흐르지 않으면 자석의 성질을 나타내지 않는 자석을 말해요.

자기장

자기장은 자석의 주위에 자석의 힘이 작용하는 공간을 말합니다. 그런데 자기장은 자석뿐만이 아니라 전류가 흐르는 전선의 주위에도 생긴답니다. 덴마크의 과학자 외르스테드가 전류가 흐르는 전선 아래에서 나침반 바늘이 움직이는 것을 보고, 자기장이 생긴다는 것을 처음으로 알아냈다고 해요.

티백 열기구

교과서 : 5학년 1학기 2단원 온도와 열 　　　　6학년 1학기 3단원 여러 가지 기체	실험 난이도 : 쉬워요 총 실험 시간 : 10분
핵심 개념 : 공기의 밀도	관련 분야 : 과학

열기구는 어떻게 움직일까요? 어떻게 하늘을 날아다니나요? 티백으로 열기구를 만들어서 띄워 보고, 공기 밀도도 배워 봐요.

준비물

- ☐ 실이 붙어 있는 종이 티백
- ☐ 가위
- ☐ 머그잔
- ☐ 유리 접시
- ☐ 성냥

🧪 실험 방법과 순서

❶ 종이 티백에서 실이 붙어 있는 부분을 가위로 잘라 냅니다. 자른 티백을 열고 안에 들어 있는 차를 빈 머그잔에 쏟아 냅니다. 차는 나중에 사용해도 되고, 사용하지 않을 거라면 버리세요.

❷ 내용물을 비운 티백을 원통이나 사각 기둥 모양으로 만들어 유리 접시 위에 세워 놓습니다.

❸ 성냥으로 티백 맨 윗부분에 불을 붙이고 관찰해 보세요.

❗ 이런 점은 조심해요

불과 성냥을 다룰 때는, 아주 조심해야 해요. 사용하기 전에 어른에게 허락을 받고, 실험할 장소가 불이 날 위험이 없는 곳인지도 반드시 확인하세요.

🔍 이렇게 관찰해요

불을 붙이면 종이 티백은 어떻게 되나요?

⭐ 응용해 봐요

다른 종이들을 원통형으로 만들어 불을 붙여도 종이 티백과 마찬가지로 날아가는지 보세요. 인쇄용지, 마분지, 화장지, 판지 등 다양한 종이로 시험해 보세요.

❓ 무슨 원리일까요

공기에 열을 가하면 공기 분자가 빠르게 움직이며 퍼집니다. 그러면 뜨거운 공기는 차가운 공기보다 밀도가 낮아서 위로 올라가죠. 티백에 불이 붙으면 종이 안쪽과 그 주변 공기가 매우 뜨거워지고, 결국 이 따뜻한 공기 흐름이 가벼운 티백을 들어 올리게 됩니다. 열기구도 이와 똑같은 방식으로 움직여요. 풍선 안에 가둔 공기를 뜨겁게 만들어서, 기구가 땅 위로 떠오르게 된답니다.

📖 교과서 속 과학 개념

공기의 밀도

밀도는 어떤 물질이 빽빽하게 모여 있는 정도를 말합니다. 물체의 무거운 정도를 뜻하기도 합니다. 같은 부피의 물질을 비교하였을 때, 무게가 많이 나가는 물체의 밀도가 더 높다고 표현합니다. 같은 무게의 물질을 비교한다면 부피가 큰 물질이 밀도가 더 작다고 표현합니다.

공기 온도가 올라가면 공기 분자가 빠르게 움직이며 퍼지기 때문에 부피가 커집니다. 즉, 주위 공기보다 밀도가 낮아지지요. 반대로 온도가 내려가면 공기의 부피는 작아지고 밀도는 높아집니다. 이러한 이유로 따뜻한 공기는 위로 올라가고, 차가운 공기는 아래로 내려오게 됩니다.

꼬마 번갯불

교과서 : 6학년 2학기 1단원 전기의 이용	실험 난이도 : 쉬워요
핵심 개념 : 정전기	총 실험 시간 : 20분

혹시 번개가 어떻게 생기는지, 무엇으로 이루어졌는지 알고 있나요? 이번 과학 실험에서는 꼬마 번갯불을 만들어서 진짜 번개가 어떻게 작용하는지 배워 봐요. 이 실험은 어두운 방에서 해야 가장 잘 된답니다.

준비물

- 은박 접시
- 장구 핀이나 압핀
- 지우개 달린 연필
- 스티로폼 일회용 접시
- 모직 천

실험 방법과 순서

1. 은박 접시 한가운데 압핀을 꽂아 압핀 침이 접시 뒤쪽으로 튀어나오게 합니다.
2. 연필에 달린 지우개를 튀어나온 압핀 침에 꽂아 연필을 은박 접시 손잡이로 쓰게 합니다.
3. 이번에는 스티로폼 접시를 모직 천이나 머리카락에 대고 1분쯤 힘차게 문지릅니다.
4. 은박 접시를 스티로폼 접시에 갖다 댑니다.

이렇게 관찰해요

은박 접시가 스티로폼 접시에 닿을 때 무엇이 보였나요?

⭐ 응용해 보요

또 어떤 금속을 사용하면 스티로폼 접시에서 전하가 튀게 할 수 있을까요?

❓ 무슨 원리일까요

스티로폼 접시를 모직 천으로 문지르면 전자들이 모직 천에서 스티로폼 접시로 이동하면서 정전기가 생깁니다. 은박 접시를 그 가까이 가져다 대면 정전기가 생긴 스티로폼 접시에서 은박 접시로 전하가 튀어요. 그때 공기 중으로 전하가 이동하면서 아주 작지만 번쩍이는 불꽃을 볼 수 있어요.

번개도 비슷한 방식으로 작용합니다. 뇌운(번개, 천둥 따위를 몰고 오는 구름) 속에는 언 빗방울이 수없이 많은데, 이 언 빗방울들은 서로 부딪히고 있어요. 이런 마찰이 점점 커지는 전하를 만들고, 결국은 뇌운 바닥에 음전하가 생기면서 구름 아래 땅에는 양전하를 만듭니다. 땅에서 올라오는 전하는 결국 구름 속에 있는 전하와 이어져 번개가 번쩍 치게 되지요.

📖 교과서 속 과학 개념

전하

전하는 물체가 띠고 있는 정전기의 양을 뜻합니다. 물질을 이루는 작은 입자인 원자는 양성자, 중성자, 전자로 구성되어 있어요. 여기서 양성자는 양전하를, 전자는 음전하를, 중성자는 0의 전하를 띠고 있습니다. 음전하를 띠는 전자가 이동하는 흐름을 '전류'라고 하는데, 보통은 전기가 흐른다고 표현합니다.
보통의 원자에는 양성자와 전자의 수가 같아서 전기적으로 중성을 띠고 있어요. 하지만 전자는 이동할 수가 있어서 전자가 다른 곳으로 이동하는 경우, 원자가 양의 전하를 띠게 됩니다. 반대로 전자가 이동해 간 원자는 전자의 수가 늘어나서 음의 전하가 되는 것이지요. 전자가 A원자에서 B원자로 이동할 경우, A원자는 양의 전하를 띠게 되고 B원자는 음의 전하를 띠게 됩니다.

정전기

정전기는 물체가 마찰할 때 발생하는 마찰 전기의 일종이에요. 보통의 물체는 양전하와 음전하의 양이 같아서 전기적 성질을 띠지 않아요. 하지만 다른 물체와의 접촉이나 마찰에 의해서 음전하가 이동하여 전기적 성질을 띠게 됩니다.

풍차 만들기

교과서 : 5학년 2학기 3단원 날씨와 우리 생활 6학년 2학기 5단원 에너지와 생활	**실험 난이도** : 쉬워요 **총 실험 시간** : 40분
핵심 개념 : 일, 동력	**관련 분야** : 공학

바람개비, 그러니까 풍차는 바람에서 생기는 에너지를 회전시켜서 쓸모 있는 '일'로 바꾸는 기계입니다. 우리도 실제로 작동하는 풍차를 만들어 볼까요?

준비물

- ☐ 정사각형 모양의 종이
- ☐ 가위
- ☐ 빨대
- ☐ 종이 클립
- ☐ 구멍 뚫는 펀치
- ☐ 접착테이프
- ☐ 끈
- ☐ 나무 꼬치

실험 방법과 순서

❶ 종이를 대각선으로(세모 모양이 되게) 반으로 접습니다. 접은 종이를 펴서 반대쪽 대각선으로도 다시 접습니다.

❷ 펼친 종이 중앙, 그러니까 접은 대각선들이 마주치는 가운데 지점에 펀치로 구멍을 뚫습니다.

❸ 구멍 주변에 있는 대각선 금을 구멍에서 1.5cm쯤 남겨 두고 전부 선을 따라서 가위로 오립니다.

❹ 오린 종이 끝 네 곳을 중앙 쪽, 즉 뚫어 놓은 구멍 가장자리 직전까지 가져갑니다. 이곳에 종이 끝부분 네 곳을 모두 접착테이프로 붙이세요.

❺ 가운데 구멍에 빨대를 끼웁니다. 빨대 중간쯤에 ❹에서 만든 풍차 날개를 접착테이프로 붙입니다.

❻ 60cm 정도 길이로 끈을 하나 자릅니다. 자른 끈 한끝은 빨대 끝에 접착테이프로 붙이고, 다른 끝은 종이 클립에 묶습니다.

❼ 빨대 안에 나무 꼬치를 집어넣습니다. 나무 꼬치는 빨대보다 길어서 빨대 양쪽 끝으로 튀어나와야 해요.

❽ 나무 꼬치 양 끝을 잡고 풍차 날개 쪽으로 입김을 붑니다. 만일 아무 일도 일어나지 않으면 손으로 풍차를 돌린 다음, 반대쪽에서 입김을 불어 바람을 일으켜 보세요.

🔍 이렇게 관찰해요

풍차에 입으로 바람을 불면 어떤 일이 일어나나요? 바람이 일로 바뀌나요?

⭐ 응용해 봐요

다양한 종이로 풍차 날개를 만들고, 어떤 종이로 만들었을 때 가장 잘 돌아가는지 확인해 보세요. 판지나 마분지처럼 더 무거운 종이도 써 보고 화장지나 인쇄용지처럼 더 가벼운 종이도 써 본 뒤에, 이런 종이들이 각각 어떻게 작동해서 풍차를 돌리는지 한번 비교해 보세요.

❓ 무슨 원리일까요

물리에서는 어떤 물체가 어떤 힘으로 일정한 거리를 움직이면 '일'이 됩니다. 풍차는 바람에 의해 회전하면서 전기를 만드는 발전기에 동력을 공급하는 일을 하지요. 우리가 직접 만든 풍차는 날개 부분에 입으로 바람을 불어 주면 종이 클립을 들어 올리는 일을 한답니다.

📖 교과서 속 과학 개념 ✏️

일

우리는 보통 직장에서 일을 한다고 합니다. 컴퓨터 앞에 앉아서 작업을 하는 것도 일을 한다고 하지요. 하지만 물리에서는 '일'의 의미가 다릅니다. 물리에서는 '어떤 물체에 힘을 주어서 물체가 힘의 방향으로 이동한 경우'에 일을 했다고 합니다.

만일 여러분이 무거운 물체가 쓰러지지 않도록 붙잡고 있는 일을 했다고 생각해 보세요. 분명 힘들게 일을 했다고 생각하겠지요? 하지만 물리에서는 여러분이 일을 했다고 하지 않습니다. 여러분이 힘을 썼지만 무거운 물체는 이동하지 않고 가만히 있었기 때문에, 전혀 일을 하지 않은 것이 됩니다.

동력

동력이란 물체의 활동을 일으키는 밑바탕이 되는 각종 에너지를 말해요. 또한 기계적인 일을 하는 데 직접 이용되는 에너지 또는 그 작용을 말하기도 해요. 동력에는 바람의 힘을 이용하는 풍력, 물의 힘을 이용하는 수력, 핵분열을 이용한 원자력 등이 있습니다.

실 전화기

교과서 : 3학년 2학기 5단원 소리의 성질	실험 난이도 : 쉬워요
핵심 개념 : 소리 파동	총 실험 시간 : 45분
	관련 분야 : 과학

소리는 어떻게 이동할까요? 소리가 고체를 통과해 이동할 수 있을까요? 빈 깡통으로 실 전화기를 만들어 소리 실험도 하고, 멀리 있는 소중한 친구와 비밀 얘기도 나누어요.

준비물

- ☐ 빈 깡통 2개
- ☐ 손톱 줄 또는 사포
- ☐ 못
- ☐ 망치
- ☐ 낚싯줄
- ☐ 가위
- ☐ 종이 클립 2개

⚠ 이런 점은 조심해요

깡통 가장자리의 거친 부분을 사포로 갈아 내고, 깡통 바닥에 망치로 못을 박을 때는 어른에게 대신해 달라고 부탁하세요.

🧪 실험 방법과 순서

① 빈 깡통을 2개 준비하고, 가장자리에 거친 부분이 있으면 손톱 줄이나 사포로 문질러 갈아 냅니다.

② 빈 깡통을 거꾸로 엎어 놓습니다. 2개 모두 바닥 한가운데에 망치로 못을 박은 뒤, 구멍이 뚫리면 못을 빼냅니다. 만일 구멍에 거칠거나 날카로운 부분이 있으면 역시 문질러 갈아 내세요.

③ 가위로 낚싯줄을 3~18m 정도로 잘라 냅니다. 낚싯줄 길이는 전화를 사용할 장소에 따라 조절하세요.

④ 자른 낚싯줄 양쪽 끝을 깡통 2개의 뚫어둔 구멍에 각각 끼우되, 깡통 바깥쪽에서 안쪽으로 낚싯줄이 나가게 끼웁니다.

⑤ 깡통 안쪽으로 빼낸 낚싯줄 끝에 종이 클립을 묶어, 낚싯줄이 빠져나가지 않게 합니다.

⑥ 깡통 한 개는 친구에게 주고, 다른 한 개는 내가 가져옵니다. 낚싯줄은 꼭 팽팽하게 당기고, 다른 물체에는 절대로 닿지 않게 주의하세요. 이제 친구와 번갈아 가며 깡통 안쪽에 대고 말을 해 보세요.

🔍 이렇게 관찰해요

실 전화기 반대편에 있는 친구 소리가 얼마나 잘 들리나요? 전화기를 이은 낚싯줄 중간 부분을 헐렁하게 늘어뜨리면 어떻게 되나요?

⭐ 응용해 봐요

다른 끈으로도 전화기를 만들어 실험해 보세요. 노끈, 털실, 연줄, 무명실 등 다양한 종류로 시험하고, 각 끈이 소리를 얼마나 잘 전달하는지 비교해 보세요.

❓ 무슨 원리일까요

소리 파동은 쉽게 말해 흔들려 움직임, 즉 진동입니다. 이 소리 파동은 공기보다는 액체와 고체를 통과할 때 훨씬 멀리 이동해요. 이번 실험에서는 우리 목소리에서 나온 소리 파동이 깡통 안에서 진동하면서 낚싯줄을 떨리게 하는 걸 알 수 있어요. 그리고 낚싯줄에 생긴 진동은 친구가 귀에 댄 깡통으로 이동해 다시 공기 입자가 진동하게 만들고요. 그러면 우리 친구의 귀는 공기 중에서 진동하는 이 입자를 우리 목소리로 알아듣는답니다.

유선 전화기도 이 비슷한 방식으로 작동하지만, 유선 전화기는 소리 파동을 전기 신호로 바꾸어 진동이 전선을 타고 훨씬 멀리까지 이동할 수 있어요.

📖 교과서 속 과학 개념

소리 파동

소리는 진동에 의해 발생합니다. 이 진동이 공기의 진동을 통해 귀에 도달하면 고막이 진동해서 소리를 들을 수 있게 돼요.

소리 파동은 사람의 입이나 스피커 등의 음원에서 발생한 진동이 공기 등에 퍼져 나가 우리의 귀를 진동시키는 것을 말해요. 소리 파동은 보통 '음파'라고도 부릅니다.

공학

이제는 멋진 발명품을 설계해서 만들 준비를 해 봐요!

이 장에서 우리는 저절로 움직이는 배와 자동차도 만들고, 진짜로 날아다니는 낙하산과 비행기도 만들고, 집에 있는 간단한 물건들을 활용해서 신나는 롤러코스터와 미로도 만들 거예요.

다양한 물건을 만들 때, 여러 가지 재활용품과 글루건(접착제 분사기)을 사용하게 될 거예요. 또 레이저 포인터가 반드시 필요한 레이저 미로도 설계합니다. 레이저 포인터는 사무용품점이나 반려동물 용품점에도 있어요. 레이저 포인터는 개와 고양이가 쫓아다니며 노는 장난감으로 쓰기도 하거든요.

앞으로 할 활동에서는 기본 실험 방법들대로 만들 수도 있지만, 여러분의 무한한 창의력으로 자유롭게 다른 방법들을 써서 새로운 결과물도 만들어 보세요. 예를 들어, '빨대 롤러코스터(157쪽)'를 만들고 나면 결과물이 책에 실린 사진과는 아주 달라 보일 수도 있는데, 실은 원래 그렇게 되어야 맞습니다. 창의력과 기발한 발상으로 책에 나온 실험과 활동 영역을 더욱 넓혀 보세요.

하지만 우리가 새내기 공학자로서 일을 시작하기 전에, 반드시 기억해 둘 지침이 몇 가지 있답니다.

첫째, 늘 하고자 하는 일을 마음속에 두고 시작하세요. 나는 무엇을 어떤 목적으로 만드는가? 일정한 무게를 지탱하려고 하는가, 일정한 거리를 가려고 하는가, 아니면 일정한 시간 안에 무엇을 해내려고 하는가? 이런 식으로 최종 목적을 마음속에 품고 있으면 집중해

서 설계하고 만드는 데 훨씬 도움이 됩니다.

둘째, 만들기 전에 항상 연필과 종이로 머릿속에 구상한 것을 간단하게 그려 보거나, 설계에 더하고 싶은 몇 가지 생각을 적어 보세요. 이렇게 하면 시작하기에 아주 좋은 토대가 생겨요.

셋째, 설계 수정을 두려워하지 마세요. 좋은 공학자들은 일단 정한 설계가 있어도 꾸준하게 시험하면서 변화를 주고 더 좋게 만들고자 노력합니다. 시험하고, 다시 시험하고, 고치고, 만들고, 다시 만들면, 그 과정에서 내가 만들고자 하는 결과물의 기능도 한껏 개선되지만, 내가 느끼는 재미도 커집니다.

넷째, 실패는 단순히 자주 일어나는 일이 아니라, 반드시 일어나는 일입니다. 내가 만든 구조물이 곧바로 무너져도 괜찮아요. 그럴 때는 어떤 점이 잘못되었는지 찾아내고, 더 좋은 방향으로 설계를 수정할 방법을 고민하고, 다시 또 해 보는 거예요. 그렇게 애쓰다 보면 결국에는 훨씬 달콤한 승리를 맛보게 되지요.

마지막으로, 창의력을 발휘하고, 문제를 해결하고, 실험하고, 만들면서 재미있게 실컷 놀면 됩니다.

풍선 대포

교과서 : 3학년 2학기 4단원 물질의 상태	실험 난이도 : 쉬워요
핵심 개념 : 작용, 반작용	총 실험 시간 : 30분

풍선으로 1.5m 떨어진 곳에 있는 컵 탑을 쓰러뜨릴 수 있나요? 너무 쉽다고요? 막상 실험을 해 보면 생각보다 쓰러뜨리기 어려울지도 몰라요.

준비물

- ☐ 종이컵 또는 플라스틱 컵 여러 개
- ☐ 고무풍선
- ☐ 빨래집게 또는 일반 집게
- ☐ 접착테이프
- ☐ 깃털, 빨대, 종이 관(두루마리 휴지나 종이행주 등에 사용하는 두꺼운 종이 심) 또는 두꺼운 종이

실험 방법과 순서

❶ 컵을 여러 개 준비해, 피라미드 형태로 탑을 쌓습니다.

❷ 컵 탑에서 1.5m 떨어진 곳에 섭니다. 먼저 풍선을 불고, 컵 탑을 겨냥해 풍선을 던집니다. 날아간 풍선은 탑을 쓰러뜨렸나요?

❸ 풍선을 하나 더 불어요. 이번에는 주둥이 부분을 꼬아 빨래집게로만 집어서 바람이 빠지지 않게 막아 두세요.

❹ 접착테이프와 다른 준비물들을 사용해 풍선에 날개나 지느러미, 코 등을 붙입니다. 다 붙였으면 컵 탑을 겨냥한 뒤, 빨래집게를 빼고 풍선이 아까보다 똑바로 날아가는지 보세요.

❺ 실험을 여러 번 반복하면서 직선으로 날아갈 것으로 예측되는 풍선 대포를 설계할 수 있는지 확인해 보세요.

🔍 이렇게 관찰해요

풍선에 날개나 지느러미, 코를 붙이면 궤도가 바뀌나요? 더 곧게 직선으로 날게 되나요? 풍선이 지나가는 길은 풍선을 놓는 방식에 따라 달라지나요, 아니면 놓는 위치에 따라 달라지나요?

⭐ 응용해 보요

1.5m 거리에서 풍선 대포를 잘 쏘게 됐다면 이번에는 3m 뒤로 물러나서 던집니다. 그 거리에서도 풍선으로 컵탑을 쓰러뜨릴 수 있는지 확인해 보세요.

❓ 무슨 원리일까요

풍선은 바람이 빠질 때, 원을 그리며 빙빙 돕니다. 공기가 비스듬하게 빠져나가기 때문이지요. 풍선 주둥이 부분은 유연하므로, 빠져나가는 공기의 힘으로 흔들려 회전하게 됩니다. 풍선이 직선으로 날아가려면 빠져나가는 공기가 정확히 풍선 한가운데에서 똑같은 힘을 내야 한답니다.

📖 교과서 속 과학 개념

작용과 반작용

뉴턴의 운동법칙에는 세 가지가 있는데, 그중 세 번째가 작용·반작용의 법칙입니다. 두 물체가 서로 힘을 가하고 있다면, 두 물체는 똑같은 크기의 힘을 서로 반대 방향으로 받고 있는 거예요.

작용과 반작용에 대해 다시 말하자면, A물체가 B물체에 힘을 가하면, B물체는 A물체로부터 받은 힘과 크기가 같고 방향이 반대인 힘을 A물체에 가하는 것입니다. 여기서 A가 B에 힘을 가하는 것이 '작용'이고, B가 A에 힘을 가하는 것이 '반작용'이 됩니다.

풍선에서 빠져나오는 바람은 공기를 뒤쪽으로 밀어내는 작용을 합니다. 반대로 공기는 반작용으로 풍선을 앞으로 밀게 됩니다. 이러한 작용·반작용의 원리에 의해 풍선이 앞으로 날아가게 되는 거예요. 그런데 고무풍선에서 바람이 빠져나올 때 똑바로 나오지 않고 흔들리기 때문에, 풍선을 앞으로 밀어내는 방향이 바뀌어서 풍선이 직선으로 나아가지 않게 된답니다.

풍선으로 가는 자동차

교과서 : 3학년 2학기 4단원 물질의 상태	실험 난이도 : 보통이에요
5학년 2학기 4단원 물체의 운동	총 실험 시간 : 60분
핵심 개념 : 작용, 반작용	관련 분야 : 기술, 수학

바람이 빠지는 풍선만으로 앞으로 나가는 자동차를 설계할 수 있을까요? 창의력을 발휘해 설계하고 만들어서 세상에 단 하나뿐인, 풍선으로 가는 자동차를 만들어 잘 달리는지 시험해 보세요. 또 이 실험을 통해 뉴턴의 운동 제3법칙도 배울 수 있어요.

준비물

- ☐ 두꺼운 종이(판지, 마분지 등)
- ☐ 자
- ☐ 가위
- ☐ 빨대
- ☐ 접착테이프
- ☐ 고무풍선
- ☐ 나무 꼬치
- ☐ 글루건과 글루스틱
- ☐ 플라스틱 병뚜껑(우유나 생수 병뚜껑) 4개

실험 방법과 순서

❶ 두꺼운 종이를 자를 이용해 7.5cm×15cm 크기 직사각형 모양으로 오립니다. 이 직사각형이 차체, 즉 차 몸통이 될 거예요.

❷ 빨대 2개를 각각 7.5cm로 자릅니다. 직사각형 종이의 7.5cm인 폭에 맞춰 빨대들을 사이를 벌리고 나란히 놓은 뒤, 접착테이프로 붙입니다. 이 빨대 2개가 차축(차 바퀴 2개를 이은, 바퀴 회전 중심축이 되는 막대기)을 잡아 주게 된답니다.

❸ 또 다른 빨대 한쪽 구멍에 풍선 입구를 끼웁니다. 끼운 부분은 테이프로 단단히 감아 공기가 새지 않게 꼭 막습니다. 그리고 이 빨대를 자동차 지붕 위에 길게 눕히고, 테이프로 붙이세요.

❹ ❷에서 나란히 붙인 빨대 2개 안으로 나무 꼬치를 끼워 넣습니다. 이 꼬치들이 '차축'이 됩니다.

❺ 플라스틱 병뚜껑 4개의 한가운데 구멍을 뚫고, 하나씩 꼬치 끝에 찔러 넣습니다. 이 병뚜껑이 바퀴가 됩니다. 바퀴가 꼬치에 잘 붙게 글루건을 사용하면 좋아요.

❻ 이제 빨대에 입김을 불어서 풍선을 붑니다. 풍선을 다 불었으면 빨대 끝을 손가락으로 막은 다음, 평평한 바닥에 자동차를 놓은 뒤 막고 있던 빨대를 놓아 보세요

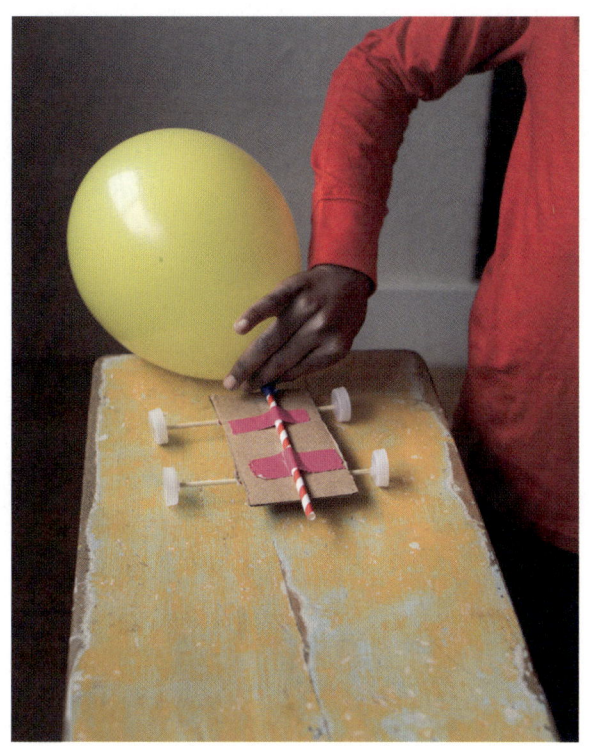

❓ 무슨 원리일까요

풍선을 동력으로 써서 움직이는 자동차는 뉴턴의 운동 제3법칙을 잘 보여 주는 사례입니다. 모든 작용에는 반대 방향으로 작용하는 반작용이 있지요. 이 실험에서 작용은 빨대에서 뿜어져 나와 자동차 뒤에서 공기를 맞받아치는 바람입니다. 반작용은 자동차 뒤에서 같은 힘으로 차를 밀어서, 결국 차가 앞으로 움직이게(전진 운동) 만드는 공기고요.

❗ 이런 점은 조심해요

병뚜껑에 구멍을 낼 때와 글루건을 사용할 때는 반드시 어른에게 도움을 받아야 해요.

🔍 이렇게 관찰해요

자동차는 얼마나 멀리 간 뒤에 멈추나요? 직선으로 움직이나요? 어떤 부분을 바꾸어야 하나요?

⭐ 응용해 보요

풍선으로 가는 자동차를 다른 재료들로 몇 개 만들어서, 각각 얼마나 멀리 가는지 거리를 측정해 봅시다. 상상력을 발휘해 마음껏 만들어 보세요! 몇 가지 재료를 제안할게요.
- **차체**: 종이 관, 생수병, 플라스틱 컵, 스티로폼
- **차축**: 연필, 막대기, 나무 꼬치
- **차바퀴**: CD, 다 쓴 접착테이프 심, 레고 바퀴

📖 교과서 속 과학 개념 ✏️

작용과 반작용(뉴턴의 운동 제3법칙)

뉴턴의 운동법칙에는 세 가지가 있는데 그중 세 번째가 작용·반작용의 법칙입니다. 두 물체가 서로 힘을 가하고 있다면, 두 물체에는 똑같은 크기의 힘을 서로 반대 방향으로 받고 있는 거예요.

작용과 반작용에 대해 다시 말하자면, A물체가 B물체에 힘을 가하면, B물체는 A물체로부터 받은 힘과 크기가 같고 방향이 반대인 힘을 A물체에 가하는 것입니다. 여기서 A가 B에 힘을 가하는 것이 '작용'이고, B가 A에 힘을 가하는 것이 '반작용'이 됩니다.

나무 막대 다리 만들기

교과서 : 4학년 1학기 4단원 물체의 무게	실험 난이도 : 쉬워요
핵심 개념 : 힘의 분산	총 실험 시간 : 45분

나무 막대와 사무용 집게 또는 빨래집게를 활용해서 무거운 물건을 얹어도 끄떡없이 잘 버티는 다리를 만들어 볼까요? 다양한 설계와 모양, 재료로 실험해 보고, 어떻게 하면 아주 튼튼한 다리를 지을 수 있는지 알아봐요.

준비물

☐ 연필과 종이

☐ 대형 나무 막대(만들기용 나무스틱)

☐ 사무용 집게

☐ 빨래집게

☐ 의자 2개

☐ 책 여러 권

🧪 실험 방법과 순서

❶ 연필과 종이로 원하는 모양의 다리를 구상하고 설계도를 그립니다.

❷ 사무용 집게와 빨래집게로 나무 막대들을 단단하게 고정해서 받침대 없는 다리를 만듭니다. 이 다리를 의자 앉는 부분에 얹는 식으로 의자 2개 사이에 걸쳐 놓습니다.

❸ 다리 구조물을 다 만들었으면 그 위에 책을 한 권씩 쌓습니다. 책을 몇 권까지 쌓으면 무너지는지 잘 세어 보세요.

🔍 이렇게 관찰해요

만든 다리가 책을 몇 권이나 받치나요? 혹시 그 결과에 놀랐나요? 실험 결과, 다른 구조물보다 더 튼튼한 구조물 모양이나 만드는 방법이 있었나요?

⭐ 응용해 보요

준비한 재료를 활용해 구조물을 더 많이 만들어 보세요. 나무 막대로 다리가 아니라 탑을 쌓으면, 책을 얼마나 높이 올려야 무너지나요? 여러 가지 모양의 구조물을 만들어서 책을 쌓아 올리고, 그 구조물들이 얼마나 튼튼한지 알아봐요.

❓ 무슨 원리일까요

실제 다리 중에는 삼각형을 사용해 건설한 다리가 많답니다. 이는 삼각형이 서로 엇갈리며 버티는 구조라서, 옆면과 윗면 무게를 잘 받쳐 주기 때문이에요. 건축에 삼각형 구조를 쓰면 재료를 더 적게 쓰고도 아주 무거운 무게를 버틸 수 있어 경제적이기도 하지요.

📖 교과서 속 과학 개념 ✏️

힘의 분산

힘의 분산은 하나의 힘을 여러 개의 다른 힘으로 나누는 것을 말해요. 나무 막대로 만든 다리 위에 여러 권의 책을 올릴 수 있는 이유는, 삼각형 모양의 집게가 다리가 받는 힘을 고르게 분산시켜 안정적으로 버텨 주기 때문입니다. 나무 막대와 집게에 힘이 고르게 분산될 수 있도록 한다면, 많은 책을 올려놓을 수 있습니다. 하지만 다리의 모양과 집게의 위치가 균형을 이루지 못한다면, 힘이 어느 한쪽으로만 쏠리게 되어 다리가 무너질 수 있어요.

레이저 미로 만들기

교과서 : 4학년 2학기 3단원 그림자와 거울	실험 난이도 : 쉬워요
핵심 개념 : 반사	총 실험 시간 : 30분
	관련 분야 : 기술, 수학

거울을 사용해서 목표물에 레이저 광선을 맞출 수 있을까요? 첩보 영화에 등장하는 레이저 미로를 직접 만들어 봐요. 재미있는 레이저 미로를 만들고, 거울에 반사시켜 목표물을 맞힐 수 있는지 실험해 봐요.

준비물

- ☐ 종이
- ☐ 사인펜
- ☐ 접착테이프
- ☐ 작은 거울 3개
- ☐ 사무용 집게 6개
- ☐ 레이저 포인터
- ☐ 책
- ☐ 각도기

❗ 이런 점은 조심해요

레이저 광선은 자기 눈에 직접 쏘거나 다른 사람 눈에 직접 쏘지 않게 매우 조심해야 해요.

🧪 실험 방법과 순서

❶ 사인펜으로 종이 한 장에 작은 표적을 그리고, 테이프로 벽에 붙입니다.

❷ 각각의 거울에 사무용 집게를 2개씩 꽂아 이 집게들이 '다리' 구실을 하게 합니다. 이 다리로 거울을 세우고, 위치도 자유자재로 바꿀 수 있어야 해요.

❸ 책 한 권을 놓고 그 위에 레이저 포인터를 둔 뒤, 거울 하나에 대고 쏩니다. 거울 각도를 다양하게 놓고 실험해서, 레이저 광선이 어느 쪽으로 반사하는지 관찰해 보세요.

❹ 거울 위치를 이리저리 바꾸면서, 레이저가 거울들로 이뤄진 미로를 돌아다니며 반사하다가 벽에 붙은 표적을 맞히게 합니다.

❺ 처음 만든 미로로 실험을 끝냈으면 레이저 위치를 바꿔 새로운 미로를 만들고, 다시 표적을 맞혀 보세요.

🔍 이렇게 관찰해요

레이저 광선을 기준으로 했을 때, 거울과 어떤 각도를 이루나요? 각도기로 재어 알아보세요. 또 레이저 광선이 반사해서 가는 곳을 예측할 수 있는지도 확인해 보세요.

⭐ 응용해 보요

거울 4개로 미로를 만들 수 있을까요?

❓ 무슨 원리일까요

레이저 포인터는 아주 좁은 저출력 가시광선을 내보내요. 이 광선은 거울이 놓인 각도에 따라 일정한 각도로 거울에 부딪히며 반사합니다.

📖 **교과서 속 과학 개념** ✏️

반사
반사란 일정한 방향으로 나아가던 빛이 다른 물체의 표면에 부딪혀서 나아가던 방향을 바꾸는 현상을 말합니다.

빨대 롤러코스터

교과서 : 5학년 2학기 4단원 물체의 운동	실험 난이도 : 보통이에요
핵심 개념 : 속력, 마찰	총 실험 시간 : 60분

빨대로 롤러코스터를 만들어 탁구공을 태워 보낼 수 있을까요? 10초 동안 끊이지 않고 탁구공이 굴러가게 할 수 있을까요? 집에 있는 물건들을 모아 롤러코스터를 만들고, 탁구공을 신나게 태워 보내 봐요!

준비물

☐ 연필과 종이

☐ 판지 상자

☐ 빨대

☐ 글루건과 글루스틱

☐ 탁구공

이런 점은 조심해요

글루건은 뜨거우니 꼭 어른에게 도움을 받아서 사용하세요.

실험 방법과 순서

❶ 연필과 종이를 앞에 놓고, 탁구공을 굴릴 재미있는 롤러코스터 설계도를 그립니다.

❷ 판지 상자를 밑에 놓고, 그 위에 글루건으로 빨대를 붙이면서 롤러코스터를 만들기 시작합니다. 이때 탁구공이 그 위로 굴러갈 수 있게 한 구간에 빨대 2개를 나란히 놓아 선로를 만들어야 해요.

❸ 빨대 롤러코스터를 글루건으로 상자에 딱 붙이기 전에, 먼저 구간마다 탁구공을 굴려 시험해 보세요. 각도는 공이 굴러가게 제대로 잡혔는지, 선로 폭은 공을 잡아 주면서도 쉽게 떨어지지 않을 만큼 적당한지 확인합니다.

❹ 이렇게 시험 주행을 몇 번 하고 나서, 필요하면 롤러코스터를 손봅니다.

이렇게 관찰해요

여러분이 만든 롤러코스터 선로 구간 중에, 원래 계획과 다르게 고치고 나서야 공이 제대로 굴러간 부분이 있었나요?

⭐ 응용해 보요

주름 빨대(구부러지는 빨대)를 사용해서 좀 더 큰 롤러코스터를 만들 수도 있어요.

❓ 무슨 원리일까요

중력은 탁구공을 선로 아래로 끌어내리지만, 탁구공이 굴러가는 속력은 공이 선로 각도와 빨대에 부딪히면서 경험하는 마찰량에 따라 더 빨라지거나 느려진답니다.

📖 교과서 속 과학 개념 ✏️

속력

속력이란 단위 시간 동안 물체가 움직인 거리를 말해요. 속력이 빠르다는 것은 같은 시간에 더 멀리 이동한 것을 의미합니다. A학생이 1초 동안 10m를 움직이고 B학생이 1초 동안 20m를 움직였다면, B학생의 속력이 더 빠르다고 말합니다.

마찰

한 물체가 다른 물체와 접촉에 의해서 움직임이 멈추도록 방해받는 현상을 '마찰'이라고 합니다. 마찰은 상황에 따라 클수록 좋은 경우가 있고, 작을수록 좋은 경우가 있습니다.

마찰이 크면 좋은 경우는 언제일까요? 횡단보도 앞에서 달리던 자전거를 멈추기 위해서는 브레이크를 사용해야 하죠? 브레이크는 마찰에 의해 자전거의 바퀴가 운동하는 것을 방해하여 멈추도록 해요.

마찰이 작으면 좋은 경우는 언제일까요? 스키나 스케이트를 탈 때 속력을 내려면 마찰이 작아야 합니다. 마찰이 크다면 앞으로 나아가는 데 어려움이 크겠죠?

공중부양 탁구공

교과서 : 5학년 2학기 3단원 날씨와 우리 생활	**실험 난이도** : 쉬워요
핵심 개념 : 공기의 흐름, 베르누이 원리, 기압	**총 실험 시간** : 15분
	관련 분야 : 과학

탁구공을 마치 마법을 부리듯 공중에 뜨게 할 수 있을까요? 몇 가지 간단한 물건만으로 이 끝내주는 과학 마술을 해 보고, 기압도 속속들이 배워 봐요.

준비물

- ☐ 원뿔 종이컵
- ☐ 가위
- ☐ 접착테이프
- ☐ 탁구공
- ☐ 주름 빨대(구부러지는 빨대)

🧪 실험 방법과 순서

❶ 가위로 원뿔 종이컵의 뾰족한 끝을 잘라 냅니다.

❷ 종이컵 바닥에 낸 구멍에 주름 빨대에서 길이가 짧은 쪽을 집어넣습니다.

❸ 빨대와 종이컵을 테이프로 단단히 감아 고정합니다. 빨대는 90도로 구부려 가로로 잡고, 종이컵은 똑바로 세운 상태로 둡니다.

❹ 이제 탁구공 하나를 종이컵 안에 넣습니다. 그리고 빨대에서 긴 쪽을 입으로 불면서 어떻게 되는지 잘 지켜보세요.

🔍 이렇게 관찰해요

빨대에 입을 대고 바람을 불면 어떤 일이 생기나요? 탁구공이 계속 공중에 떠 있으려면 얼마나 세게 불어야 하나요?

⭐ 응용해 봐요

길이가 더 길거나 폭이 더 넓은 빨대를 사용하면 어떻게 되나요?

❓ 무슨 원리일까요

베르누이 원리에 의하면, 공기가 빠르게 흐르면 압력이 낮아진다고 해요. 우리가 빨대를 입으로 불면, 공기가 탁구공 주변으로 움직이면서 빠르게 흐르게 돼요. 즉, 주변을 둘러싸고 정지해 있는 공기보다 압력이 더 낮아진다는 뜻이지요. 중력은 탁구공을 아래로 끌어당기지만, 탁구공 아래에서 흘러오는 공기가 탁구공을 위쪽으로 보냅니다. 그러다 탁구공에 작용하는 모든 힘이 균형을 이루면 공이 공중에 떠서 맴돌게 되는 거예요.

📖 교과서 속 과학 개념 ✏️

공기의 흐름

공기는 곡면을 따라서 흐르는 성질이 있어요. 빨대에서 나온 바람이 탁구공을 감싸듯이 탁구공 겉면을 따라 흐르기 때문에, 옆으로 튀어 나가지 않고 공중에 떠 있게 됩니다. 이렇게 공기와 같은 기체나 물과 같은 액체가 곡면에 부착해서 흐르는 현상을 '코안다 효과'라고 부른답니다.

촛불 앞에 둥근 원통형 물체를 세우고 원통형 물체 앞에서 바람을 불어 보세요. 촛불이 어떻게 될까요? 앞에서 말한 코안다 효과에 의해, 원통형 물체 뒤쪽의 촛불이 꺼지게 됩니다. 원통형 물체가 바람을 막을 것으로 생각되지만, 바람이 둥근 곡면을 따라 뒤쪽으로 흐르기 때문에 촛불이 꺼지는 거예요. 촛불 앞에 곡면이 없는 평평한 물체를 세우고 바람을 불어 보면, 원통형 물체와 다른 점을 확인할 수 있답니다.

기압

기압이란 대기의 공기가 지표에 가하는 압력을 의미합니다. 매일 뉴스가 끝나면 일기 예보를 하지요. "고기압의 영향을 받아 맑은 날씨가 이어지는 가운데…"와 같은 말을 들은 적이 있을 거예요. 기압이 주위보다 높은 곳은 '고기압', 주위보다 낮은 곳은 '저기압'이라고 해요.

구슬 굴리기 놀이

교과서 : 5학년 2학기 4단원 물체의 운동	실험 난이도 : 쉬워요
핵심 개념 : 속력, 각도	총 실험 시간 : 60분

종이 상자와 나무 막대로 길을 만들어, 그 위로 구슬이 구르게 할 수 있을까요? 구슬이 10초 이상 계속 움직이게 할 수 있을까요? 멋진 장난감도 만들면서 중력 실험도 함께 해 봐요.

준비물

- ☐ 연필과 종이
- ☐ 큰 종이 상자(골판지, 마분지 등으로 만든 상자)
- ☐ 대형 나무 막대(만들기 놀이용품 중 제일 큰 것)
- ☐ 가위
- ☐ 글루건과 글루스틱
- ☐ 털 철사(모루아트)
- ☐ 털 방울
- ☐ 종이 클립
- ☐ 구슬 여러 개

🧪 실험 방법과 순서

1. 연필과 종이로 구슬 굴리기 놀이를 설계합니다.
2. 종이 상자를 분해해 바닥에 평평하게 폅니다.
3. 가위로 나무 막대를 자르고, 자른 막대는 납작한 쪽이 아래로 가게 해서 종이 상자에 글루건으로 붙입니다. 이런 식으로 구슬이 굴러갈 길을 만들어요.
4. 털 철사, 털 방울 등 만들기 재료를 써서 다양한 장애물과 덫을 만듭니다.
5. 구슬 굴리기 길 아래쪽에 떨어지는 구슬을 받도록 종이컵을 여러 개 붙여 놓습니다.
6. 완성된 구슬 굴리기 길 전체를 소파나 식탁에 비스듬히 기대어 놓고, 구슬 몇 개를 굴려 시험합니다. 필요하면 손본 뒤에 즐겁게 놀아 봐요!

🔍 이렇게 관찰해요

구슬들이 아래에 받쳐 놓은 종이컵에 골고루 들어가나요? 왜 그렇게 된다고 생각하나요?

⭐ 응용해 봐요

구슬 말고도 굴릴 수 있는 작은 공 모양의 다른 물건들을 굴려서 결과를 비교해 보세요. 시험할 만한 다른 물건으로는 털 방울이나 고무공, 탁구공 등이 있겠네요.

❓ 무슨 원리일까요

중력은 구슬을 아래로 끌어당기지만, 구슬이 굴러가는 속력은 나무 막대 각도에 따라 정해집니다.

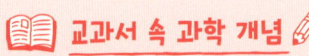

속력과 각도

각도는 각을 이루는 두 곧은 선이 벌어진 정도를 말합니다. 놀이터에서 미끄럼틀을 타 보면, 땅과 이루는 기울기가 큰 미끄럼틀에서 더 빨리 내려오죠? 이때 기울기가 크다는 것은 미끄럼틀과 땅 사이의 각도가 크다는 의미예요.

바닥에 놓인 평평한 판 위에 구슬을 가만히 내려놓으면 구슬은 굴러가지 않아요. 하지만 평평한 판을 조금 기울이면 어떻게 되나요? 구슬이 구르는 것을 볼 수 있어요. 기울어진 각도를 더 크게 하면 어떻게 되나요? 구슬은 더 빨리 굴러갑니다. 이것은 기울기가 클수록, 즉 각도가 클수록, 구슬이 굴러가는 방향으로 작용하는 중력이 크기 때문이에요. 중력은 구슬을 아래로 끌어당기지만, 기울어진 면에서는 아래로 작용하던 중력 중 일부가 구슬이 굴러가는 방향 쪽으로 작용하기 때문에, 구슬이 더 빨리 굴러가게 되는 거예요.

달걀 떨어뜨리기 놀이

교과서 : 5학년 2학기 4단원 물체의 운동	실험 난이도 : 보통이에요
핵심 개념 : 속력과 힘, 힘의 분산	총 실험 시간 : 60분

날달걀을 높은 데서 던져도 깨지지 않게 보호할 용기를 만들 수 있을까요? 집에 모아 둔 재활용품과 만들기 놀이용품 바구니를 뒤져서, 세상에 하나밖에 없는 특별한 달걀 보호 장치를 만들어 봐요. 이 즐거운 공학 실험을 완성할 가능성은 무한하답니다. 만들어 낸 사람들만큼이나 만들어진 발명품도 기발할 거예요!

준비물

- 연필과 종이
- 집에 있는 다양한 물건들(나무 막대, 플라스틱 용기, 고무줄, 빨대, 접착테이프, 가위, 접착제, 비닐봉지, 스펀지, 뽁뽁이, 신문, 종이 관, 끈, 고무풍선 등)
- 날달걀 여러 개

이런 점은 조심해요

날달걀을 만진 뒤에는, 꼭 비누로 손을 씻어요.

실험 방법과 순서

① 시간이 좀 걸리더라도 달걀을 떨어뜨렸을 때 보호할 용기를 구상하고, 연필과 종이로 간단하게 설계도를 그립니다. 구할 수 있는(사용해도 된다고 허락을 받은) 준비물, 달걀을 떨어뜨리려고 하는 높이, 이미 알고 있는 과학 원리 등 다양한 점을 생각해서 설계도를 그려요.

② 골라 놓은 준비물로 달걀을 넣어 떨어뜨릴 용기를 만듭니다. 용기 안에 달걀을 쉽게 넣을 수 있어야 한다는 점을 꼭 기억하세요.

③ 다 만들면 놀이기구나 의자 위로 올라가서, 내가 만든 발명품에 달걀을 넣고 떨어뜨립니다.

이렇게 관찰해요

달걀이 깨졌나요? 어떻게 하면 설계를 더 좋게 고칠 수 있을까요?

⭐ 응용해 보요

만일 처음 실험에서 달걀이 안 깨지고 성공했다면, 조금 더 높은 곳에서도 떨어뜨려 보세요. 아니면 이 달걀 보호 용기를 공중에 높이 던져 올려 떨어뜨려 보세요. 그랬을 때 달걀이 깨지나요?

❓ 무슨 원리일까요

중력은 당연히 달걀을 끌어내리지만, 달걀을 안전한 용기에 넣어 보호하거나 떨어지는 속력을 느리게 할 방법을 찾으면 땅에 떨어져도 깨지지 않아요.

📖 교과서 속 과학 개념 ✏️

속력과 힘

떨어지는 물체는 땅에 부딪히는 순간의 속력이 빠를 때 더 큰 힘을 받습니다. 보통은 높은 곳에서 떨어뜨리면 떨어지는 순간의 속력이 더 빨라져요. 달걀이 낮은 곳에서 떨어졌을 때 깨지지 않지만, 높은 곳에서 떨어지면 깨지는 경우를 보았을 거예요. 높은 곳에서 떨어져도 떨어지는 속력을 줄일 수 있다면 달걀에 가해지는 힘도 줄어들어 깨지지 않도록 할 수 있어요.

낙하산은 비행기에서 떨어지는 사람이 안전하게 내려올 수 있도록 만든 장치인데요. 이 낙하산도 공기의 저항에 의해 떨어지는 속력을 줄여, 사람이 땅에 착지할 때 받는 힘을 줄여 주는 원리로 만들어집니다.

힘의 분산

힘의 분산은 하나의 힘을 여러 개의 다른 힘으로 나누는 것을 말해요. 달걀 보호 용기를 만들 때, 달걀이 떨어지는 순간 달걀에 가해지는 힘이 분산될 수 있는 구조로 설계한다면 달걀이 깨지지 않을 거예요.

외륜선 만들기

교과서 : 5학년 2학기 4단원 물체의 운동
6학년 2학기 5단원 에너지와 생활
핵심 개념 : 위치 에너지, 운동 에너지

실험 난이도 : 쉬워요
총 실험 시간 : 30분

스스로 동력을 만들어 물속에서 움직이는 외륜선을 만들 수 있을까요? 재활용품을 뒤져서 외륜선을 만들고, 진짜 증기선이 어떻게 움직이는지 알아봐요.

준비물

- □ 바닥이 깊지 않은 플라스틱 저장 용기
- □ 연필 2자루
- □ 강력 접착테이프
- □ 고무줄
- □ 플라스틱 우유병(손잡이가 달린 것)
- □ 가위
- □ 물을 가득 채운 고무 대야나 욕조

실험 방법과 순서

❶ 강력 접착테이프로 플라스틱 용기 바깥 양쪽에 연필을 한 자루씩 붙입니다. 용기 길이의 3/4 정도까지만 붙여 연필 10cm 정도는 용기 뒤로 비어져 나오게 하세요.

❷ 연필 2자루에서 용기에 붙어 있지 않은 쪽 끝을 고무줄로 감습니다.

❸ 이제 물갈퀴를 만들어요. 플라스틱 우유병을 잘라 똑같은 크기로 정사각형 4개를 만들고, 이 정사각형을 모두 절반으로 접어서 ㄱ자 모양으로 만듭니다. 만들어진 ㄱ자 모양의 물갈퀴 날을 십자 모양이 되도록 놓습니다. 이때 4개 모두 접은 부분이 한가운데에 닿아야 해요.

❹ 강력 접착테이프로 정사각형 날 끝을 서로 이어 붙여, 물갈퀴 십자 모양이 흐트러지지 않게 합니다.

❺ 물갈퀴 날 하나를 배에 감아 둔 고무줄에 밀어 넣습니다.

❻ 물갈퀴를 여러 번 돌려서 감아 둡니다. 그 상태에서 물을 채운 대야나 욕조에 배를 놓고, 물갈퀴를 잡은 손도 놓으세요.

🔍 이렇게 관찰해요
배가 어느 방향으로 움직이나요? 직선으로 가나요, 아니면 곡선으로 가나요? 어떻게 하면 배 성능이 나아질까요?

⭐ 응용해 보요
물갈퀴를 배 몸통에서 더 가깝거나 먼 곳에 놓았을 때, 외륜선이 앞으로 나가는 힘을 받는 방식이 바뀌는지 확인해 보세요. 물갈퀴를 감는 방식에서도 앞으로 감는지 뒤로 감는지에 따라 차이가 있나요?

❓ 무슨 원리일까요
물갈퀴를 돌려서 감으면, 고무줄이 배배 꼬입니다. 이 꼬인 고무줄은 위치 에너지를 저장하는데, 고무줄이 풀리면 위치 에너지가 운동 에너지로 바뀌게 돼요. 그리고 고무줄이 풀리면서 물갈퀴 날이 노가 되어 일하는데, 이 노는 회전하면서 물을 밀어냅니다. 이것이 물에서 배가 앞으로 밀고 나아가는 힘이 된답니다.

📖 교과서 속 과학 개념 ✏️

위치 에너지
위치 에너지란 어떤 물체가 특정한 위치에서 잠재적으로 지니고 있는 에너지를 말해요. 위치 에너지에는 물체가 중력에 의해 가지게 되는 위치 에너지와 고무줄이나 용수철 같은 탄성체가 가지고 있는 탄성력에 의한 위치 에너지가 있어요.
외륜선의 물갈퀴는 감아 놓은 고무줄이 가지고 있는 탄성력에 의한 위치 에너지가 운동 에너지로 바뀌어서 앞으로 나아가는 것이랍니다.

운동 에너지
운동 에너지는 운동하고 있는 물체, 즉 움직이는 물체가 지니고 있는 에너지를 말합니다. 운동하는 물체는 속력이 빠를수록, 더 큰 운동 에너지를 가지게 됩니다.

팬플루트를 불어요

교과서 : 3학년 2학기 5단원 소리의 성질	실험 난이도 : 쉬워요
핵심 개념 : 소리와 진동	총 실험 시간 : 20분
	관련 분야 : 미술, 수학

빨대 몇 개와 접착테이프만 가지고 악기를 만들 수 있나요? 팬플루트를 만들어서 음높이를 실험하고, 어떻게 빨대를 입으로 불기만 해도 소리가 나는지 배워 봐요.

준비물

- 빨대
- 자
- 가위
- 접착테이프

실험 방법과 순서

❶ 평평한 바닥 위에 빨대 7~10개를 가지런히 늘어놓습니다. 첫 번째 빨대는 그대로 두고, 자와 가위를 이용해 두 번째 빨대는 1.5cm 짧게, 세 번째 빨대는 3cm 짧게, 네 번째 빨대는 4.5cm 짧게 잘라요. 이런 식으로 빨대를 1.5cm씩 차이 나게 잘라냅니다.

❷ 접착테이프를 길게 잘라 접착 면(끈끈한 면)이 위로 오게 한 다음, 평평한 바닥 위에 놓습니다.

❸ 빨대를 이 테이프 가운데에 놓습니다. 맨 앞에 가장 긴 빨대를, 맨 끝에 가장 짧은 빨대를 순서대로 놓아야 해요. 모든 빨대 맨 윗부분은 같은 높이가 되도록 가지런히 줄을 맞추세요.

❹ 테이프를 빨대 위로 둘러서 반대편까지 단단히 붙입니다.

❺ 이제 완성된 팬플루트의 양 옆을 손에 쥐고, 빨대 맨 위쪽으로 입김을 불어 팬플루트를 연주합니다.

이렇게 관찰해요

가장 높은 음은 어떤 빨대에서 나오나요? 가장 낮은 음은요? 빨대 길이와 빨대에서 나오는 소리 사이에 어떤 관계가 있나요?

⭐ 응용해 봐요

팬플루트로 〈비행기〉나 〈징글벨〉같이 쉬운 노래를 연주해 보세요. 혹시 빨대를 더 많이 붙여야 연주가 되나요?

❓ 무슨 원리일까요

소리는 진동으로 생깁니다. 이 실험에서 만든 팬플루트는 소리가 울려 퍼지는 관(빨대) 끝에 구멍이 나 있어서, 그 구멍으로 흐르는 공기의 진동으로 소리가 생기지요. 트럼펫이나 리코더에서 나는 소리도 같은 방식으로 생긴답니다.

📖 교과서 속 과학 개념

소리와 진동

소리는 진동에 의해 발생됩니다. 이 진동이 공기의 진동을 통해 귀에 도달하면 고막이 진동하여 소리를 들을 수 있는 거예요.

소리는 진동수에 따라 높낮이가 다릅니다. 진동수가 클수록 높은음이 되고, 진동수가 작을수록 낮은음이 됩니다. 이 실험에서 팬플루트는 길이가 긴 빨대가 낮은 소리를 내고, 길이가 짧은 빨대가 높은 소리를 낸답니다.

낙하산 날리기

- 교과서 : 5학년 2학기 4단원 물체의 운동
- 핵심 개념 : 공기 저항
- 실험 난이도 : 쉬워요
- 총 실험 시간 : 30분
- 관련 분야 : 수학

작은 물건들을 땅까지 안전하게 내려오게 하는 낙하산을 설계할 수 있을까요? 간단한 준비물 몇 개로 낙하산을 만들고, 공기 저항과 중력을 제대로 알아 봐요.

준비물

- ☐ 작은 플라스틱 컵 또는 종이컵
- ☐ 구멍 뚫는 펀치
- ☐ 끈
- ☐ 가위
- ☐ 큰 비닐봉지
- ☐ 초시계
- ☐ 작은 장난감(레고 인형, 고무공, 동전 등)

실험 방법과 순서

❶ 구멍 뚫는 펀치로 컵 위쪽 가장자리를 따라 같은 간격으로 구멍 4개를 뚫습니다.

❷ 약 35cm 길이의 끈을 4개 만듭니다.

❸ 비닐봉지를 잘라서 한 변이 35cm인 정사각형을 만듭니다.

❹ 정사각형 모서리 한끝마다 끈을 한 줄씩 묶습니다. 끈의 반대편 끝은 ❶에서 뚫어 놓은 컵 구멍 4개에 각각 끼워 묶습니다. 이때 끈의 길이가 모두 똑같아야 낙하산이 비뚤어지지 않아요.

❺ 의자나 소파 등 조금 높은 곳에 올라서서 낙하산을 떨어뜨립니다.

❻ 낙하산이 바닥에 닿기까지 걸리는 시간을 초시계로 잽니다.

❼ 낙하산이 잘 미끄러져 내려가는지 확인했으면 컵에 작은 장난감들을 채우고, 아까와 같은 높이에서 낙하산을 떨어뜨린 뒤, 바닥에 닿기까지 시간이 얼마나 걸리는지 확인합니다.

🔍 이렇게 관찰해요

빈 낙하산이 날아서 바닥에 떨어지기까지 시간이 얼마나 걸리나요? 짐을 실은 낙하산은 어떤가요? 낙하산의 무게와 낙하산이 바닥에 닿는 시간 사이에 관계가 있나요?

⭐ 응용해 보요

끈 길이와 낙하산 크기를 다양하게 바꾸어서, 어떻게 되는지 비교해 보세요. 무게를 더 지탱하거나 더 천천히 내려가는 낙하산을 만들 수 있나요?

❓ 무슨 원리일까요

공기가 비닐봉지 밑에 들어가면 낙하산 위쪽으로 힘을 줍니다. 이를 '공기 저항'이라고 하지요. 우리 주변에서 나뭇잎이 땅에 팔랑팔랑 떨어지거나 종이가 바람에 휩쓸려 날아가게 하는 힘도 바로 공기 저항이랍니다.

📖 **교과서 속 과학 개념** ✏️

공기 저항

눈에는 보이지 않지만, 우리 주위에는 다양한 기체들로 구성된 공기가 있어요. 공기 속에서 운동하는 물체는 공기로부터 운동을 방해하는 저항을 받게 되는데, 이것을 '공기 저항'이라고 해요.

공중에서 낙하하는 물체는 아래로 끌어당기는 중력이 작용하여 빠르게 떨어지는데, 떨어지는 속력이 빠를수록 땅에 부딪힐 때 큰 충격을 받게 됩니다. 낙하산은 공기 저항에 의해 떨어지는 속력을 줄여, 사람이나 물체가 안전하게 착륙할 수 있도록 도와줍니다.

간식으로 만든 건축물

교과서 : 4학년 1학기 4단원 물체의 무게	실험 난이도 : 쉬워요
핵심 개념 : 힘의 분산	총 실험 시간 : 20분

음식을 가지고 놀면 안 된다고요? 이 실험에서는 간식 시간을 만들기 시간으로 바꿔 볼 거예요. 중간중간 간식도 먹으면서 포도알로 탑을 쌓고, 큐브 치즈로 오두막을 짓고, 사과로 복잡한 저택을 만들어 보세요.

준비물

☐ 연필과 종이

☐ 이쑤시개

☐ 간단히 집어먹을 수 있는 간식
  (포도, 얇게 썬 사과, 각종 베리, 큐브 치즈, 건포도, 마시멜로 등)

☐ 접시

🧪 실험 방법과 순서

❶ 연필과 종이로 만들고 싶은 간식 구조물을 간단히 스케치한 후, 구조물 설계도를 그리세요. 그러면서 기초를 어떤 식으로 다질지, 또 어떤 음식 위에 어떤 음식을 놓을지 등을 생각해 봅니다.

❷ 설계도에 맞춰 이쑤시개로 다양한 음식을 연결합니다. 벽을 짓고, 천장을 만들고, 여러 가지 장식을 꾸며요.

❸ 만든 것들을 접시 위에 모아 커다란 간식 구조물을 완성합니다.

🔍 이렇게 관찰해요

완성 후 원래 그린 설계도에서 무엇을 바꾸었고, 그 이유는 무엇인가요?

⭐ 응용해 보요

구조물을 더 크고, 더 높고, 더 안정적으로 만들어 보세요.

❓ 무슨 원리일까요

이 실험을 통해, 이쑤시개로 삼각형 모양을 이루어 간식 구조물을 만들면 더 튼튼해진다는 사실을 알게 될 거예요. 바로 삼각형이 서로 엇갈리며 버티는 구조이기 때문인데요. 이 교차하는 버팀 형태는 위에서 누르는 무게와 옆에서 미는 무게를 모두 잘 지탱하게 한답니다.

📖 교과서 속 과학 개념 ✏️

힘의 분산

힘의 분산은 하나의 힘을 여러 개의 다른 힘으로 나누는 것을 말해요. 이쑤시개로 만든 건축물이 안정적으로 세워지는 이유는 삼각형 모양의 구조가 이쑤시개가 받는 힘을 분산시켰기 때문이에요. 이쑤시개 건축물이 안정을 유지하려면 각각의 이쑤시개에 힘이 고르게 분산되어야 합니다. 여러 개의 이쑤시개에 분산된 힘이 어느 한쪽으로만 쏠리게 된다면 건축물이 무너질 수 있어요.

힘의 분산을 이용한다면 달걀판 위를 걸을 수도 있어요. 여러 개의 달걀이 우리 몸이 누르는 힘을 골고루 분산시키기 때문이지요. 하지만 힘이 골고루 분산되지 않고 어느 한 개의 달걀에 많이 쏠리게 된다면, 달걀이 버틸 수 있는 힘을 넘어서서 결국 깨지고 말 거예요.

종이비행기 날리기

교과서 : 5학년 2학기 3단원 날씨와 우리 생활	실험 난이도 : 쉬워요
핵심 개념 : 추력, 양력	총 실험 시간 : 30분
	관련 분야 : 수학

짐을 싣고 3m나 날아가는 종이비행기를 만들 수 있을까요? 이 창의력 넘치는 공학 놀이는 재미있고 마음을 사로잡기도 하지만, 가르쳐 주는 점도 많답니다.

준비물

□ 색도화지
□ 줄자
□ 접착테이프
□ 동전 여러 개

실험 방법과 순서

❶ 색도화지로 종이비행기를 접습니다. 종이비행기 만드는 법을 모르면 인터넷을 찾아보세요.

❷ 출발선을 정하고, 그 출발선에서 3m 떨어진 곳을 줄자로 재어 표시합니다.

❸ 종이비행기를 날려 적어도 3m는 날아가는지 확인합니다. 종이비행기를 여러 개 더 접고, 손볼 부분이 있으면 고쳐서 더 멀리 날아가게 하세요.

❹ 이제 만들어 놓은 비행기마다 접착테이프로 동전을 붙이고, 이렇게 무게를 더했을 때 얼마나 날아가는지 거리를 측정합니다. 결과는 표에 기록하세요.

이렇게 관찰해요

종이비행기가 3m를 날아갈 때, 동전을 최대 몇 개까지 붙였나요?

⭐ 응용해 봐요

설계를 고쳐서 무게를 더하고도 더 멀리, 또는 더 직선으로 날아가는 비행기를 만들 수 있는지 확인해 보세요.

❓ 무슨 원리일까요

초대형 여객기처럼 종이비행기도 몇 가지 요인들 때문에 날게 됩니다. 비행기는 '추력(앞으로 나아가게 하는 힘)'이 필요해요. 이 실험에서는 종이비행기를 던지는 우리 팔이 이러한 추력을 줍니다. 또 비행기가 공중에 떠 있으려면 '양력(위로 들어 올리는 힘)'도 필요하죠. 양력은 날개 위에서보다 날개 아래에서 기압이 더 크게 생기는데요, 이 양력이 아주 무거운 비행기도 아주 쉽게 공중에서 날아갈 힘을 준답니다.

📖 교과서 속 과학 개념

추력

추력은 비행기가 앞으로 날아가게 하는 힘입니다. 비행기는 제트 엔진이나 프로펠러에 의한 추력으로 앞으로 날아갈 수 있어요.

양력

양력은 비행기가 위로 뜰 수 있도록 하는 힘입니다. 모든 물체는 중력에 의해서 아래로 떨어지게 되어 있는데요. 물체가 공중에 뜨기 위해서는 중력의 반대 방향으로 작용하는 힘이 필요합니다. 비행기는 날개에 양력을 받아 공중에 뜰 수가 있어요.

비행기가 비행할 때 공기는 비행기의 날개면을 따라 흐르는데요. 날개의 위쪽 면을 따라 흐르는 공기의 속도가 아래쪽 면을 따라 흐르는 속도보다 빠르다고 합니다. 베르누이의 원리에 의하면, 공기가 빠르게 흐르면 압력이 낮아지기 때문에 날개 위쪽의 압력이 아래쪽의 압력보다 작아 위쪽으로 양력이 작용하게 됩니다. 그리고 비행기 날개의 모양과 각도에 의해서 날개면을 지난 후 아래쪽으로 흐르는 공기에 대한 반작용으로 위쪽으로 작용하는 양력이 생깁니다.

털 방울 미끄럼길

교과서 : 5학년 2학기 4단원 물체의 운동	실험 난이도 : 쉬워요
핵심 개념 : 마찰, 속력의 변화	총 실험 시간 : 30분
	관련 분야 : 수학

털 방울을 떨어뜨려 10초 이상 구를 수 있는 길을 만들 수 있나요? 각자의 개성대로 종이 관 미끄럼길을 만들어 벽에 붙인 뒤, 다양한 각도로 실험해 보세요. 이 실험을 통해 중력을 배우고, 마찰과 속력의 변화도 직접 체험해 봐요.

준비물

- 연필과 종이
- 가위
- 털 방울
- 초시계
- 종이 관(종이행주, 두루마리 휴지, 주방용 랩 등에서 나온 종이 심) 여러 개
- 벽에 붙는 테이프(마스킹 테이프, 도배용 테이프 등)

🧪 실험 방법과 순서

1. 연필과 종이로 털 방울이 굴러떨어질 길을 설계해서 그립니다.
2. 준비한 종이 관들을 벽에 테이프로 붙입니다. 필요하면 가위로 관을 다듬거나 잘라 내세요.
3. 완성된 미끄럼길에 털 방울을 하나 떨어뜨려 맨 위에서 맨 아래까지 가는 시간이 얼마나 걸리는지 초시계로 재서 확인합니다.

🔍 이렇게 관찰해요

털 방울이 미끄럼길을 전부 통과하는 데, 시간이 얼마나 걸리나요? 어떻게 하면 털 방울을 더 빨리 내려가게 할 수 있을까요? 반대로 더 느리게 내려가게 하려면 어떻게 해야 할까요?

마찰
마찰은 한 물체가 다른 물체와 접촉에 의해서 움직이지 않도록 방해하는 현상을 말해요.

속력의 변화
속력은 일정하게 유지되기도 하지만, 더 빨라지거나 느려지는 경우도 있어요. 미끄럼길을 구르는 구슬은 미끄럼길과 바닥이 이루는 각도가 클수록 구슬이 내려가는 방향으로 더 큰 힘을 받아요. 또한 미끄럼길을 내려가는 동안은 계속 힘을 받기 때문에, 속력이 점점 빨라지게 되지요. 또 미끄럼길을 내려와 평평한 바닥을 구를 때는, 구르는 방향으로 가해지는 힘이 없기 때문에 일정한 속력으로 구르게 되고요. 하지만 실제로는 구슬이 구르다가 멈추는 것을 볼 수 있지요? 이것은 구슬과 바닥 사이의 마찰 때문이에요. 만일 마찰이 없다면 구슬은 멈추지 않고 일정한 속력으로 계속 구를 거예요.

⭐ 응용해 보요

털 방울 미끄럼길에 구슬이나 탱탱볼처럼 좀 더 무거운 동그란 물건을 떨어뜨려 보세요. 그런 다음, 초시계로 시간이 얼마나 걸리는지 재서 비교해 보세요. 결과가 다르다면 왜 그럴까요?

❓ 무슨 원리일까요

중력은 물체를 지구로 끌어당기는 힘입니다. 중력이 털 방울을 계속 끌어내리지만, 종이 관 각도에 따라 털 방울이 이동하는 속력이 더 빨라지거나 느려지죠. 더 가파른 각도로 길을 만들면, 털 방울이 더 빠르게 이동합니다.

도르래 장치 만들기

교과서 : 4학년 1학기 4단원 물체의 무게	실험 난이도 : 쉬워요
핵심 개념 : 도르래, 힘의 방향	총 실험 시간 : 30분

무거운 짐을 드는 도르래를 설계하고 만들 수 있을까요? 이 단순한 기계가 어떻게 작동해서 물체를 들었다 내렸다 하는지 배워 보고, 무게를 얼마까지 움직일 수 있는지 실험으로 알아봐요.

준비물

- □ 종이 관(종이행주 심) 2개
- □ 긴 연필
- □ 마스킹 테이프
- □ 털실
- □ 가벼운 물건들
  (쌀, 율무 같은 작은 곡물, 시리얼, 플라스틱 장난감, 종이 클립 등)
- □ 가위
- □ 포장 리본 감개(빈 것)
- □ 작은 종이컵

실험 방법과 순서

❶ 종이 관 하나를 들고, 끝에서 5cm쯤 떨어진 곳에 가위로 연필을 끼울 구멍을 조심해서 뚫습니다. 이 구멍 정반대 쪽에 구멍을 하나 더 뚫어요. 다른 종이 관에도 똑같이 구멍 2개를 뚫어 놓으세요.

❷ 빈 포장 리본 감개를 준비하고, 이 리본 감개 가운데 구멍에 연필을 집어넣습니다.

❸ 리본 감개 구멍에 집어넣은 연필 양쪽 끝을 ❶에서 뚫어 둔 2개의 종이 관 구멍에 각각 집어넣습니다. 이때 양쪽 구멍 밖으로 연필이 2.5cm 정도 나와야 해요.

❹ 평평한 표면에 종이 관을 세우고 바닥에 테이프로 고정합니다. 이때 연필을 통과시킨 쪽을 위쪽으로 두세요.

❺ 이번에는 종이컵을 가지고, 종이컵 가장자리 바로 아래쪽에 마주 보는 구멍 2개를 가위로 뚫습니다.

❻ 이 구멍 2개에 털실을 꿴 뒤, 양쪽 끝을 묶어 짧은 손잡이를 만듭니다.

❼ 새로운 털실을 90cm쯤 잘라 한쪽 끝은 ❻에서 만든 털실 손잡이에 묶습니다. 다른쪽 끝은 위에서 만든 도르래 중 리본 감개 위로 걸칩니다.

❽ 이제 가벼운 물건들로 컵을 채웁니다. 털실 끝을 잡아당겨 만들어진 도르래 장치로 컵을 들어 올려 보세요.

🔍 이렇게 관찰해요

도르래로 무게를 얼마나 들어 올릴 수 있나요? 혹시 장치를 좀 더 튼튼하게 만들기 위해 고칠 점이 있나요?

⭐ 응용해 보요

만들어 놓은 장치에 도르래를 더 보탤 수 있나요? 도르래를 더 보태면 장치가 옮길 수 있는 무게에 영향을 주나요?

❓ 무슨 원리일까요

도르래는 홈이 있는 바퀴들과 줄을 이용해서 짐을 들어 올리거나, 내리거나, 움직이는 단순한 기계예요. 도르래를 사용하면 힘의 방향을 반대로 바꿀 수 있어서 짐을 움직이기 쉬워요. 직접 만든 도르래로 털실을 아래로 끌어당겨 짐을 들어 올릴 수 있답니다.

📖 **교과서 속 과학 개념** ✏️

도르래

이번 실험에서 만든 도르래는 한 곳에 고정되어 있는 고정 도르래예요. 고정 도르래는 물체를 위로 들어 올릴 수 있도록 힘의 방향을 바꿔 줘요. 고정 도르래 덕분에 물체를 들어 올리기 위해서 높은 곳에 올라가지 않아도 되는 거죠. 예를 들자면, 국기 게양대에 태극기를 게양하기 위해 높은 곳으로 올라가지 않고도, 고정 도르래를 이용해 아래쪽으로 줄을 당기면 태극기가 올라간답니다.

힘의 방향

힘의 방향이란 물체에 작용하고 있는 힘이 가리키는 쪽을 말합니다.

튼튼한 종이 기둥

교과서 : 4학년 1학기 4단원 물체의 무게	실험 난이도 : 쉬워요
핵심 개념 : 힘의 분산	총 실험 시간 : 20분
	관련 분야 : 수학

종이 한 장은 얼마나 강할까요? 종이 한 장이 책을 몇 권이나 받칠 수 있을까요? 종이를 여러 다른 모양으로 접어서, 어떤 모양이 가장 강한지 알아보세요.

준비물

☐ 인쇄용지

☐ 양면테이프

☐ 책 여러 권

🧪 실험 방법과 순서

❶ 인쇄용지 한 장을 동그랗게 말아 옆면을 양면테이프로 붙여서 원기둥을 만듭니다. 종이가 겹치는 부분의 폭을 2cm 정도 되게 해서 붙이세요.

❷ 다른 인쇄용지는 폭이 2cm 정도 되도록 세로로 한 번 접습니다. 그리고 나머지 부분을 세로로 2번 접어 삼각기둥을 만듭니다. 종이를 세우고, 앞서 폭 2cm로 접은 부분을 양면테이프로 붙여서 삼각기둥을 완성합니다.

❸ 세 번째 인쇄용지로는 직사각형 기둥을 만듭니다. 먼저 폭이 2cm 정도 되도록 세로로 한 번 접습니다. 나머지 부분은 세로로 반 접고, 이것을 다시 세로로 반 접어서 사각기둥을 만듭니다. 폭 2cm 접은 곳을 양면테이프로 붙여서 사각기둥을 완성합니다.

❹ 이제 종이 기둥들이 얼마나 튼튼한지 시험합니다. 준비한 책들을 똑같은 순서로 올려놓아 시험하면 됩니다. 각 종이 기둥이 책을 몇 권까지 받치다가 무너지는지 확인해서 표에 기록하세요.

🔍 이렇게 관찰해요

어떤 기둥이 책을 가장 많이 받치나요? 왜 그렇다고 생각하나요?

⭐ 응용해 봐요

기둥 높이가 중요한가요? 크기만 더 작은 종이로 모양은 똑같은 기둥들을 다시 만들어서, 책을 받치는 힘이 달라지는지 비교해 보세요.

❓ 무슨 원리일까요

책이 내리누르는 힘은 종이 기둥 가장자리 전반에 흩어져 퍼집니다. 원기둥에는 모서리가 없어서 가장자리 모든 부분이 책 무게를 고르게 퍼뜨릴 수 있어요. 다시 말해, 대개는 원통형이 가장 많은 책을 받치다가 무너진다는 뜻이에요. 그렇지만 우리의 실험 결과는 기둥을 얼마나 튼튼하게 만들었느냐에 따라 달라질 수도 있어요.

📖 **교과서 속 과학 개념** ✏️

힘의 분산

힘의 분산은 하나의 힘을 여러 개의 다른 힘으로 나누는 것을 말해요. 종이 기둥에 책을 올려놓으면, 책의 무게는 주로 종이 기둥의 꼭짓점에 집중됩니다. 때문에 꼭짓점 수가 많은 원기둥이 무게를 골고루 분산시킬 수 있어서 더 많은 책을 받칠 수 있게 된답니다.

빨대 고리 비행기

- 교과서 : 5학년 2학기 3단원 날씨와 우리 생활
- 핵심 개념 : 양력
- 실험 난이도 : 쉬워요
- 총 실험 시간 : 15분
- 관련 분야 : 수학

직사각형 종이 2장과 빨대로 종이비행기를 만들 수 있나요? 이 비행기가 얼마나 멀리 날아가는지 알아보고, 또 더 나은 방향으로 설계를 고칠 수 있으면 고쳐 보세요.

준비물

- ☐ 두꺼운 종이
- ☐ 자
- ☐ 가위
- ☐ 접착테이프
- ☐ 빨대

🧪 실험 방법과 순서

❶ 자와 가위를 가지고 두꺼운 종이를 오려서 긴 띠를 2개 만듭니다. 하나는 폭 2.5cm×길이 25cm, 다른 하나는 폭 2.5cm×길이 12.5cm로 오리세요.

❷ 첫 번째 종이 띠 양쪽 끝을 접착테이프로 붙여 원을 만듭니다. 다른 종이 띠도 똑같은 방법으로 원을 만듭니다.

❸ 만든 원을 각각 빨대에 접착테이프로 붙여 비행기를 만듭니다.

❹ 이 비행기를 종이비행기와 같은 방법으로 날려서 얼마나 멀리 날아가는지 보세요.

🔍 이렇게 관찰해요

큰 원을 앞에 붙여 날릴 때와 작은 원을 앞에 붙여 날릴 때, 빨대 비행기가 어떻게 다르게 날아가는지 비교해 보세요.

⭐ 응용해 보요

설계를 손봐서 비행 거리를 최대로 늘려 보세요. 원형 종이를 빨대에 붙이는 위치도 달리해 보고, 원형 종이 길이도 바꿔 보고, 빨대 길이도 다르게 해서 실험해 보세요. 또 빨대에 원을 3개 붙이면 어떻게 되는지도 알아봅니다. 종이 클립 등을 더해 무게를 더하고도 비행기를 날게 할 수 있나요?

❓ 무슨 원리일까요

공기는 빨대도 통과하지만, 종이로 만든 원형 사이도 통과해서 이 빨대 고리 비행기를 날 수 있게 합니다. 이렇게 양력을 주어서 종이비행기 날개와 비슷한 방식으로 작용하지요.

📖 교과서 속 과학 개념 ✏️

양력

양력은 비행기가 위로 뜰 수 있도록 하는 힘입니다. 모든 물체는 중력에 의해서 아래로 떨어지게 되어 있는데, 물체가 공중에 뜨기 위해서는 중력의 반대 방향으로 작용하는 힘이 필요해요. 빨대 고리 비행기는 고리 모양으로 된 2개의 날개에 의해서 양력을 받아 공중에 뜰 수가 있어요.

핑핑 도는 팽이

교과서 : 5학년 2학기 4단원 물체의 운동	실험 난이도 : 쉬워요
핵심 개념 : 회전 관성	총 실험 시간 : 30분

팽이는 수천 년 전에 발명한 아주 오래된 장난감이에요. 나만의 팽이를 직접 설계해서 만들어 볼까요? 집에 있는 물건들과 재활용품을 활용해서 다양한 팽이를 만들어 보고, 크기를 달리하거나 회전축과 몸통 위치를 다양하게 바꿔 실험하면서 어떤 팽이가 가장 오래 도는지 확인해 보아요. 회전축과 몸통만 만들면 되고, 팽이에 사용할 재료는 무궁무진하답니다!

준비물

- 이쑤시개나 구리 동전, 나무 꼬치, 연필, 크레용 또는 사인펜(회전축 재료)
- 아이스크림 컵 뚜껑이나 플라스틱 우유병 뚜껑, 원형 판지, CD 또는 금속 와셔(따리쇠)와 같은 팽이 몸통 재료
- 글루건과 글루스틱

❗ 이런 점은 조심해요

글루건을 사용할 때는, 꼭 어른에게 도움을 받으세요.

🧪 실험 방법과 순서

1. 먼저 준비한 재료들 중에서 팽이를 만들 재료를 선택합니다. 회전축과 몸통도 필요해요. 몸통은 원형으로 만들어요. 가운데에는 회전축을 끼울 작은 구멍이 있어야겠죠.

2. 몸통에 회전축을 끼웁니다. 이 두 재료는 글루건을 사용해서 고정시키세요.

3. 평평한 바닥에서 팽이를 돌립니다.

🔍 이렇게 관찰해요

가벼운 몸통보다 무거운 몸통을 만들면, 팽이가 더 오랜 시간 회전하나요? 몸통 위치는(회전축에서 더 높은 곳에 끼우거나 더 낮은 곳에 끼우면) 팽이가 도는 방식에 어떤 영향을 주나요?

⭐ 응용해 봐요

몸통이 2개 있는 팽이를 만들어 보세요. 이 팽이는 더 잘 도나요, 아니면 더 못 도나요? 몸통 2개의 크기를 같게 하거나 다르게 하는 것에 따라서도 차이가 생기는지 실험해 보세요.

❓ 무슨 원리일까요

팽이는 뾰족한 끝으로 중심을 잡으면서 바닥에서 빠르게 도는데, 이는 '회전 관성' 때문이에요. 처음에는 꼿꼿하게 돌지만, 마찰 때문에 회전 속력이 줄어들어 점점 기울어지면서 결국 넘어지게 되죠.

📖 교과서 속 과학 개념 ✏️

회전 관성

회전 관성은 물체가 회전 운동하는 상태를 계속해서 유지하려고 하는 성질을 말합니다.

빨대 뗏목

교과서 : 4학년 1학기 4단원 물체의 무게	**실험 난이도** : 쉬워요
핵심 개념 : 부력	**총 실험 시간** : 30분

빨대로 무게를 지탱하는 뗏목을 만들 수 있을까요? 간단한 물건들을 사용해서 진짜 물에 뜨는 뗏목을 만들고, 어떻게 설계했을 때 가장 많은 동전을 실을 수 있는지 실험해 봐요.

준비물

☐ 연필과 종이

☐ 빨대

☐ 글루건과 글루스틱

☐ 가위

☐ 물을 채운 큰 그릇(또는 물을 채운 욕조)

☐ 동전 여러 개

❗ 이런 점은 조심해요

글루건은 꼭 어른에게 도움을 받아서 사용하세요.

🧪 실험 방법과 순서

① 먼저 머릿속으로 뗏목을 구상한 다음, 빨대 뗏목 설계도를 종이에 그립니다.

② 빨대 5개와 가위, 글루건을 이용해 물 위에 뜨는 뗏목을 만듭니다.

③ 완성한 뗏목에 동전을 하나씩 얹어서 몇 개나 얹어야 가라앉는지 확인합니다.

④ 설계도를 수정해서 새로운 뗏목을 만들어 보고, 다른 뗏목들보다 더 많은 무게를 견딜 수 있는 뗏목이 있는지 확인해 보세요.

🔍 이렇게 관찰해요

처음에 한 설계를 고쳤다면 그 이유는 무엇인가요? 뗏목에 동전을 최대 몇 개까지 올렸나요?

⭐ 응용해 보요

빨대 4개만 가지고 뗏목을 만들어서 빨대 5개짜리 뗏목에 실은 만큼 동전을 실을 수 있는지 비교해 보세요. 빨대 3개를 사용했을 때는 어떨까요?

❓ 무슨 원리일까요

빨대는 물보다 부력(물체가 뜨려는 힘)이 큽니다. 즉, 물 위에 뜬다는 뜻이지요. 하지만 여기에 무게를 더하면 중력이 부력을 누르며 작용해서, 결국 뗏목이 가라앉게 됩니다.

 교과서 속 과학 개념

부력

부력은 어떤 물체를 물 위에 뜰 수 있도록 도와주는 힘입니다. 무거운 쇠로 만든 배가 물 위에 뜰 수 있는 이유는 부력 때문이에요. 어떤 물체가 물에 잠기면, 물체가 밀어낸 물의 무게만큼 중력의 반대 방향으로 작용하는 부력을 받습니다. 물체가 받는 부력이 무게보다 크면 물체가 물 위에 뜨게 되는 거예요. 물 위에 떠 있는 배를 살펴보면 배의 밑부분이 물속에 잠겨 있는 것을 볼 수 있지요? 바로 물에 잠긴 배의 밑부분만큼 물을 밀어낸 것인데요. 밀려난 물의 무게만큼 배는 부력을 받게 된답니다.

5

예술

지금부터는 붓을 꺼내 들고 과학의 힘을 빌려 멋진 예술 작품을 만들 준비를 해 볼까요?

이번 장에서는 음파를 눈으로 보며 확인하고, 사탕을 녹여 무지개를 만들고, 진자를 만들어 거품이 이는 무늬를 만들고, 낙서 로봇을 만들 거예요.

예술은 단순히 종이에 그림을 그리는 활동만 있는 게 아니랍니다. 예술은 상상력을 발휘해 색다른 무언가를 창조하고, 만들고, 설계하는 일이에요. 전에 사용한 적 없는 다양한 도구와 캔버스로 실험하면서, 자신을 표현하는 새로운 방법들을 생각해 내는 행위지요.

과학과 예술은 별개로 보이지만 아주 가깝게 이어져 있어요. 과학자에게도 예술가에게도 엉뚱한 상상력이 있는데, 이런 엉뚱한 상상력은 창의성을 발휘해 문제를 해결하는 데 도움이 되지요. 과학자도 예술가도 시행착오를 거치며 거듭 실험하면서 가능성의 경계를 점점 넓히고, 또 창조적 돌파구를 찾아서 경계를 깨뜨리기도 합니다.

이 장에서는 과학 원리를 응용해 개성 넘치는 예술 작품을 만들게 될 거예요.

처음에는 늘 질문으로 시작하세요. 이 색깔들을 섞으면 어떻게 될까? 어떻게 하면 여러 가지 다른 무늬를 만들 수 있을까? 어떤 재료들을 사용하면 내 상상이 현실이 될까?

시작하면서 이런 질문을 던졌으면, 다음은 과학 실험을 할 때와 똑같은 문장을 사용해서 가설을 세울 차례예요. "…하므로/해서 ~라고 생각한다."와 같은 형식으로 가설을 세우면, 새로운 지식을 발견할 수 있고 더 새로운 발상과 더 많은 질문이 나올 거예요.

정말 재미있는 부분은 바로 다음 단계인 실험입니다. 내가 무엇을 만들어 낼 수 있는지 확인해 보고, 할 수 없는 것은 무엇인지 이해하고, 나의 지식과 창의력을 끄집어내어 완전히 새로운 것을 만들어 내는 거예요. 무늬와 색, 소리, 빛으로 자유롭게 실험해 보세요. 이 책에서 제시하는 여러 가지 발상과 활동으로 나만 할 수 있는 독특한 과학 예술 실험과 창작을 해 보자고요.

실험과 창작 활동을 끝낸 후에는, 그 활동에서 내린 결론들을 말해 봅니다. 관찰과 만들기 과정에서 배운 것들을 기억하세요.

생생한 색과 독특한 무늬, 새로운 도구, 생각도 못 하던 캔버스를 활용해 실험하면서 맘껏 즐기세요. 그리고 내가 아니면 만들 수 없는 작품을 세상에 내놓고 맘껏 뽐내 봐요.

알록달록 비눗방울 그림

교과서 : 4학년 2학기 2단원 물의 상태 변화	실험 난이도 : 쉬워요
핵심 개념 : 표면장력	총 실험 시간 : 10분

비누 거품으로 그림을 그릴 수 있을까요? 물론이죠! 비눗방울을 마음껏 불고, 거품이 무엇으로 만들어지는지 배우면서, 재미있는 알록달록 무늬도 만들어 봐요.

준비물

- ☐ 작은 컵
- ☐ 물 1큰술
- ☐ 접시
- ☐ 흰 종이
- ☐ 그림물감 2큰술
- ☐ 주방 액체 세제 2큰술
- ☐ 빨대
- ☐ 계량스푼

❗ 이런 점은 조심해요

비눗방울 그림 그리기는 정말 재미있지만, 옷을 더럽힐 수도 있어요. 물감이 묻어도 괜찮은 옷이나 가운을 입고 실험하세요.

🧪 실험 방법과 순서

❶ 그림물감과 물, 주방 세제를 컵에 넣고 섞습니다.

❷ ❶의 컵을 접시 위에 올려 놓습니다. 비누 거품을 불었을 때, 비누 거품이 넘쳐 흐르면 받쳐 줘야 하니까요.

❸ 이제 빨대를 컵에 넣고 입으로 바람을 불어 보글보글 거품을 만듭니다. 이때 세제를 들이마시거나 삼키지 않게 조심하세요.

❹ 컵에서 비누 거품이 넘칠 때까지 빨대를 계속 불어요.

❺ 빨대를 컵에서 빼고, 컵에 담긴 비눗방울들 위로 종이를 살짝 덮어 비눗방울의 무늬를 찍습니다.

🔍 이렇게 관찰해요

종이에 어떤 무늬가 생기나요?

⭐ 응용해 봐요

그림물감을 섞은 비눗물로 비누 거품을 만들 때, 크기가 다른 빨대들을 사용해 보세요. 예를 들어, 대형 빨대를 사용하면 커피를 저을 때 사용하는 납작 빨대와 다른 비눗방울 무늬가 찍히나요?

❓ 무슨 원리일까요

거품막은 투명해서 실제로는 물들지 않습니다. 그런데 비눗방울이 터지면서, 그 안에 들어 있던 물과 물감이 종이로 옮겨 가지요. 이 과정에서 다양한 색과 무늬를 켜켜이 입힐 수 있는 독특한 비눗방울 그림이 생긴답니다.

📖 교과서 속 과학 개념

표면장력

표면장력이란 액체가 표면적을 될 수 있는 대로 최대한 작게 하도록 액체의 표면에 작용하는 힘입니다. 물방울은 표면장력 때문에 거품이 많이 생기지 않고, 생기더라도 방울끼리 서로 합쳐지거나 금방 없어집니다. 그런데 주방 세제는 물 분자가 서로 끌어당기는 힘인 표면장력을 줄여 주어, 속이 빈 거품 모양이 유지되도록 도와준답니다.

사탕 무지개

교과서 : 5학년 1학기 4단원 용해와 용액	**실험 난이도** : 쉬워요
핵심 개념 : 용해와 온도	**총 실험 시간** : 10분
	관련 분야 : 과학

사탕과 물로 그림을 그릴 수 있을까요? 이번 실험에서는 색 혼합을 실험할 거예요. 물 온도를 다양하게 해서 실험해 보고, 달콤한 간식도 신나게 먹어요.

준비물

- 스키틀즈 사탕
- 흰 접시
- 뜨거운 수돗물

🧪 실험 방법과 순서

1. 접시에 스키틀즈 사탕을 늘어놓습니다. 일정한 형태로 놓아도 좋고, 그냥 아무렇게나 마구 놓아서 어떻게 되는지 보아도 좋아요.

2. 접시 한가운데 뜨거운 물을 조심해서 붓습니다. 물은 너무 많이 붓지 말고, 사탕 밑바닥이 잠길 정도로만 부어야 해요.

3. 작품이 생겨나는 동안 1~2분 정도 기다립니다.

4. 만든 작품을 관찰하고, 또 다른 그림을 만들어 봅니다. 실험마다 물 온도를 달리하여, 물 온도가 작용 속도에 어떻게 영향을 미치는지 확인하세요.

🔍 이렇게 관찰해요

물을 넣고 나서, 스키틀즈 사탕들은 어떻게 되었나요? 어떤 무늬가 생겼나요? 어떤 새로운 색깔들이 나타났나요?

⭐ 응용해 봐요

다양한 사탕을 가지고 실험해 보고, 다른 사탕들도 뜨거운 물에서 스키틀즈 사탕과 똑같은 방식으로 작용하는지 알아봅니다. 엠앤엠즈 초콜릿, 줄무늬 박하사탕, 젤리빈, 곰돌이 젤리 등 여러 가지 알록달록한 사탕으로 실험해 보세요.

❓ 무슨 원리일까요

스키틀즈에 입힌 알록달록한 사탕 겉면은 설탕으로 만들어서 물에 녹습니다. 물이 접시에서 움직이면서 다양한 색으로 물들인 설탕도 함께 돌아다니며, 화려한 무늬와 무지개 빛깔을 만들게 되지요. 이때 원색들이 섞이면서 어떤 새로운 색을 만들어 내는지 잘 지켜보세요.

 **교과서 속 과학 개념**

용해와 온도

설탕이나 소금이 물에 녹는 것처럼, 어떤 물질이 다른 물질에 녹아 골고루 섞이는 현상을 '용해'라고 합니다. 설탕이 물에 용해되는 양은 온도에 따라 달라지는데, 설탕은 온도가 높은 물에 잘 녹고, 온도가 낮은 물에는 잘 녹지 않아요. 이번 실험에서도 뜨거운 물에서 스키틀즈 사탕이 더 잘 녹는 것을 보았을 거예요.

보글보글 흔들흔들 진자

교과서 : 5학년 2학기 4단원 물체의 운동	실험 난이도 : 쉬워요
핵심 개념 : 진자	총 실험 시간 : 60분
	관련 분야 : 과학, 공학

진자를 만들어 질감이 독특한 아름다운 그림을 만들 수 있나요? 여기에 보글보글 화학 작용을 더하면 정말 재미있답니다!

준비물

- 종이컵 또는 플라스틱 컵
- 압핀
- 가위
- 손잡이가 긴 빗자루
- 접착테이프
- 식품 착색제
- 구멍 뚫는 펀치
- 끈
- 등받이 의자 2개
- 베이킹소다
- 식초

❗ 이런 점은 조심해요

이 재미있는 실험을 하고 나면 주위가 지저분해져요. 그러니 실험이 다 끝나면 쉽게 씻어 낼 수 있게 꼭 밖에서 하세요.

🧪 실험 방법과 순서

❶ 펀치를 사용해서 컵 가장자리 아래, 2.5cm 정도 되는 위치에 같은 간격으로 구멍 3개를 뚫습니다.

❷ 압핀으로 컵 바닥 한가운데에 작은 구멍을 뚫습니다.

❸ 20cm 길이로 끈을 3줄 잘라 둡니다. ❶에서 컵 가장자리를 따라 뚫어 놓은 구멍에 각각 줄을 하나씩 뗍니다. 그리고 끈 3줄 끝을 전부 모아서 한가운데에서 묶습니다.

❹ 마당이나 평지인 밖으로 나갑니다. 의자 2개를 가지고 나가서 서로 등받이가 마주 보는 상태로, 1m 조금 넘게 거리를 두고 놓습니다.

❺ 의자 2개 등받이 틈으로 빗자루를 끼워 넣습니다.

❻ 끈을 하나 더 잘라 빗자루 손잡이 중간에 매답니다. ❸에서 끈 3줄을 합쳐 묶은 컵을 빗자루 손잡이에 매단 끈 아래쪽으로 연결합니다. 연결한 컵이 바닥에서 약 30cm 위에 매달려 있어야 해요.

❼ 공중에 매달린 컵 바로 아래쪽과 그 주변 땅바닥에 베이킹소다를 몇 컵 뿌립니다.

❽ ❷에서 컵 바닥에 뚫어 놓은 구멍 바깥쪽에 접착 테이프를 붙입니다.

❾ 컵 절반 정도를 식초로 채우고, 식품 착색제를 몇 방울 떨어뜨립니다.

❿ 손으로 컵을 끌어당겨서 바닥 구멍에 붙인 테이프를 떼어 낸 뒤, 베이킹소다가 뿌려져 있는 바닥 위로 자유롭게 흔들리게 합니다.

⓫ 컵이 멈추면, 다시 손으로 끌어당겼다가 놓아서 새로운 무늬를 만들어 보세요. 나만의 작품이 완성될 때까지, 컵에 식초와 식품 착색제를 계속 다시 채웁니다.

교과서 속 과학 개념

진자

진자는 추를 줄에 매달아 고정한 후, 추를 한쪽에서 잡았다가 놓으면 일정한 시간 간격으로 왕복 운동을 하도록 만든 것을 말해요. 놀이동산에서 바이킹을 타 본 적이 있나요? 바이킹의 움직이는 모습이 진자의 움직임과 닮았답니다.

🔍 이렇게 관찰해요

컵이 베이킹소다 위로 흔들릴 때, 어떤 일이 일어나나요? 베이킹소다와 식초 사이에 일어나는 작용에서 어떤 점이 눈에 띄나요?

⭐ 응용해 보요

식품 착색제로 물들인 식초에 주방 세제도 조금 넣어 보세요. 주방 세제는 베이킹소다와 식초 사이에 일어나는 작용에 어떤 영향을 미치나요?

❓ 무슨 원리일까요

마찰이 없다면, 진자는 똑같은 거리를 오가며 영원히 흔들릴 거예요. 하지만 우리가 만든 이 단순한 진자는 빗자루 손잡이와 끈 사이에서 아주 많은 마찰을 만들어 내기 때문에, 속력이 아주 빠르게 줄어들어요. 진자가 흔들리는 속력이 느려지면서 흔들리는 거리도 줄어들고, 이로 인해 행성 궤도 같은 아름다운 무늬들이 만들어진답니다.

얼음으로 새로운 색깔 만들기

교과서 : 4학년 2학기 2단원 물의 상태 변화	실험 난이도 : 쉬워요
핵심 개념 : 이차색	총 실험 시간 : 6시간

2개의 색을 섞어 새로운 색을 만들 수 있어요. 그럼 2개의 색깔 얼음으로도 새로운 색을 만들 수 있을까요? 물이 얼고 녹는 과정과 색 혼합을 배우는 동시에, 흥미로운 색과 무늬도 다양하게 만들어 보세요.

준비물

- ☐ 얼음 틀
- ☐ 물
- ☐ 식품 착색제(빨강, 노랑, 파랑색은 필수)
- ☐ 흰 접시 여러 개
- ☐ 숟가락 여러 개

🧪 실험 방법과 순서

❶ 얼음 틀에 물을 채웁니다. 각 칸에 식품 착색제를 5방울씩 떨어뜨려 여러 색으로 색깔 얼음을 만들어요. (이때 원색인 빨강, 노랑, 파랑 얼음은 반드시 여러 개 만들어 두세요.)

❷ 얼음 틀을 냉동실에서 몇 시간 얼립니다.

❸ 색깔 얼음이 다 얼었으면 냉동실에서 꺼냅니다.

❹ 각 접시에 색이 다른 얼음을 2개씩 놓습니다.

❺ 이제 녹아가는 색깔 얼음을 접시 위에서 숟가락으로 밀면서, 여러 가지 무늬를 만들며 신나게 놀아요.

🔍 이렇게 관찰해요

색이 다른 얼음 2개가 같이 녹으면 어떤 새로운 색깔이 나오나요?

⭐ 응용해 봐요

원색 빨강, 노랑, 파랑 중에서 2개가 섞이면 어떻게 되는지 실험해 봅니다. 3원색을 모두 섞으면 결과가 어떻게 되나요? 또 원색이 섞여 만들어진 이차색 2개를 섞으면 어떤 색이 만들어지나요?

❓ 무슨 원리일까요

이 실험에서는 얼음이 녹으면서 색깔 있는 물이 되지요. 색깔이 서로 다른 물이 섞이면서 새로운 색이 만들어져요.

📖 **교과서 속 과학 개념** ✏️

이차색

이차색은 원색 두 개를 같은 양만큼 섞어서 나오는 색을 말합니다. 빨강과 파랑의 원색을 섞으면, 이차색인 보라색이 만들어져요. 빨강과 노랑의 원색을 섞으면 이차색으로 주황색이 생기고, 노랑과 파랑의 원색을 섞으면 이차색으로 초록색이 생깁니다.

춤추는 휴지

교과서 : 3학년 2학기 5단원 소리의 성질	실험 난이도 : 쉬워요
핵심 개념 : 소리 파동, 진동	총 실험 시간 : 15분
	관련 분야 : 과학, 기술

소리 파동을 직접 눈으로 볼 수 있나요? 이 질문에 대부분 '아니요'라고 답하겠지만, 이번 미술 과학 실험에서는 소리 파동이 공기 중에서 어떻게 움직이는지 실제로 보게 될 거예요.

준비물

- 큰 유리그릇
- 비닐 랩
- 접착테이프나 고무줄
- 휴지
- 사용 가능한 스피커(TV, 노트북, 무선 스피커 등)

🧪 실험 방법과 순서

❶ 유리그릇 위에 비닐 랩을 팽팽하게 펼쳐 감쌉니다. 감싼 랩은 접착테이프나 고무줄로 단단히 고정합니다.

❷ 휴지를 몇 장 뽑아서 작게 뭉친 다음, 유리그릇을 감싼 랩 위에 놓습니다.

❸ 이 유리그릇을 스피커 바로 옆 딱딱한 바닥 위에 놓습니다. 스피커는 클수록 더 좋아요.

❹ 음악을 틉니다. 처음에는 작은 소리로 틀었다가 점점 볼륨을 키워 주세요.

🔍 이렇게 관찰해요

음악 소리를 점점 키우면 뭉친 화장지들은 어떻게 되나요? 어떤 음악을 틀었을 때, 가장 좋은 결과가 눈으로 보이나요?

⭐ 응용해 보요

유리그릇에 물을 채우고, 스피커 바로 옆에 놓습니다. 소리를 키우고, 베이스 비트가 아주 강한 음악을 틀어 보세요. 물에 어떤 변화가 있나요?

❓ 무슨 원리일까요

소리는 공기 중에서 진동하는 입자들이 만드는 에너지의 한 종류입니다. 소리는 파동으로 공기 중을 이동하는데, 이 파동은 소리 크기를 키울수록 더 강해져요. 음악 소리가 충분히 커지면 그릇을 씌운 비닐 랩도 흔들리게 돼요. 이 모습이 마치 랩 위에서 휴지 뭉치들이 춤추는 것처럼 보인답니다.

📖 교과서 속 과학 개념

소리 파동

소리는 진동에 의해 발생됩니다. 이 진동이 공기의 진동을 통해 귀에 도달하면, 고막이 진동하여 소리를 들을 수 있게 돼요.

소리 파동은 사람의 입이나 스피커 등의 음원에서 발생한 진동이 공기 등에 퍼져 나가 우리의 귀를 진동시키는 것을 말해요. 소리 파동은 보통 '음파'라고도 부릅니다.

마법 우유

교과서 : 3학년 2학기 4단원 물질의 상태	실험 난이도 : 쉬워요
핵심 개념 : 표면장력	총 실험 시간 : 20분
	관련 분야 : 과학

우유 접시가 화려한 캔버스로 변신할 수 있을까요? 식품 착색제에 과학 마법 한 방울을 더해, 소용돌이치는 아름다운 색깔과 불꽃무늬를 만들어 봐요.

준비물

- 일반 접시 또는 제빵용 접시
- 우유
- 식품 착색제
- 주방 액체 세제

🧪 실험 방법과 순서

1. 접시에 우유를 얇게 따릅니다.
2. 우유 접시에 식품 착색제를 몇 방울 떨어뜨립니다.
3. 우유 접시에 주방 세제를 살살 짜서 한 방울만 떨어뜨립니다.

🔍 이렇게 관찰해요

다양한 색깔들이 어떤 무늬를 만드나요? 색깔은 우유 속에서 어떻게 움직이나요?

⭐ 응용해 봐요

우유 종류에 따라, 색이 퍼지는 방식에 영향을 주는지 실험해서 확인해 봐요. 예를 들어, 무지방 우유보다 일반 우유에서 그림이 더 잘 나오나요? 생크림이나 두유를 쓰면 어떤가요?

❓ 무슨 원리일까요

액체 표면에 있는 분자들은 서로 단단히 결합합니다. 이를 '표면장력'이라고 해요. 주방 세제를 우유 표면에 떨어뜨리면 세제가 표면장력을 깨뜨려서 표면에 있는 분자들이 퍼져 나갑니다. 이때 우유 분자들이 식품 착색제를 끌고 가면서, 마치 폭죽이 터지는 모습처럼 보이지요.

이 마법 우유에 마법을 부리는 작용이 하나 더 있어요. 그건 바로 세제 분자와 지방·단백질 분자 사이에 일어나는 결합이랍니다. 세제 분자 수백만 개가 우유에 들어 있는 지방·단백질 분자 수백만 개와 짝을 지으면서 활발히 움직이게 되는데요. 이 움직임이 우유 속에서 몇 초 동안 계속 작은 폭발을 일으켜서 화려하고도 역동적인 과학·예술 작품이 만들어진답니다.

📖 교과서 속 과학 개념 ✏️

표면장력
표면장력이란 액체가 표면적을 될 수 있는 대로 최대한 작게 하도록 액체의 표면에 작용하는 힘입니다.

사인펜 잉크 색소 분리하기

교과서 : 4학년 1학기 5단원 혼합물의 분리
핵심 개념 : 크로마토그래피

실험 난이도 : 쉬워요
총 실험 시간 : 20분
관련 분야 : 과학

검은 잉크는 다른 색소를 몇 개나 섞어야 만들 수 있을까요? 이 미술 과학 실험에서는 크로마토그래피(색층분석법)를 사용해, 사인펜 잉크를 개별 색소로 분리할 거예요. 크로마토그래피는 꼭 전문 화학 실험이나 생물 실험실에서만 사용하는 기술만이 아니에요. 이 기술은 근사한 미술 작품을 만드는 방법도 된답니다.

준비물

- 커피 여과지
- 수성 사인펜 여러 자루
- 공예 스틱(아이스크림 나무 막대)
- 사무용 집게
- 물 3~5cm를 채운 450㎖ 밀폐 유리병
- 종이행주

실험 방법과 순서

1. 사인펜으로 커피 여과지에 아무 그림이나 그립니다. 원형도 좋고, 비대칭 형태도 좋고, 그리고 싶은 대로 무늬를 그리세요.

2. 커피 여과지를 세로로 반 접은 뒤, 다시 반으로 접습니다.

3. 커피 여과지 위쪽에 나무 막대를 대고 집게로 집어 고정합니다. 나무 막대가 병 위에 걸쳐지도록 여과지에 고정하세요.

4. 물을 채운 병에 이 커피 여과지를 넣어(나무 막대에 달린 상태로) 아래쪽 뾰족한 부분이 물에 닿게 합니다. 그 상태로 1~2분 정도 두고, 어떤 일이 일어나는지 관찰합니다.

5. 물이 커피 여과지 맨 위까지 도달하면 여과지를 물에서 빼고, 펼쳐서 종이행주 위에 말립니다.

🔍 이렇게 관찰해요

커피 여과지를 나무 막대에 붙여 물에 넣어 두면 시간이 지나면서 어떤 변화가 눈에 띄나요?

⭐ 응용해 보요

크로마토그래피를 사용해, 사인펜 색깔별로 생기는 다양한 띠를 비교해 보세요. 어떤 사인펜 잉크에 가장 많은 색이 들어 있나요?

❓ 무슨 원리일까요

사인펜 잉크는 다양한 색소로 만듭니다. 특히 검정과 보라색 등 짙은 색에서 이런 점이 잘 드러나지요. 색소는 저마다 다른 화학 물질로 만들어지는데, 그에 따라 더 무겁기도 하고 더 가볍기도 해요. 그 이유로 실험에서 물과 함께 여과지 종이를 따라 올라갈 때, 각각 다른 속도로 이동합니다. 더 무거운 색소는 먼저 퍼져 나와서 더 느리게 이동하고요. 더 가벼운 색소는 종이를 따라 위쪽으로 더 빨리 움직여서 홀치기염색 효과나 빛바랜 질감을 만들게 된답니다.

📖 교과서 속 과학 개념

크로마토그래피(색층분석법)
크로마토그래피는 혼합물의 각 성분이 용매에 녹아 용매를 따라 이동하는 속도의 차이를 이용하여 각 성분 물질로 분리해 내는 방법을 말합니다.

홀치기염색
홀치기염색은 천의 일부를 모아 실로 감아서, 물감이 부분부분 스며들지 못하도록 하여 염색하는 방법입니다. 묶는 방법에 따라, 여러 가지 다양한 무늬를 표현할 수 있습니다.

자석으로 그림 그리기

교과서 : 3학년 1학기 4단원 자석의 이용
핵심 개념 : 끌힘, 밀힘

실험 난이도 : 쉬워요
총 실험 시간 : 20분
관련 분야 : 과학, 공학

자석으로 그림을 그리면, 어떤 그림이 나올까요? 자석의 움직임과 자석이 그리는 무늬로 실험을 해 보세요. 아마 세상에 단 하나밖에 없는 작품이 나올 거예요.

준비물

- 플라스틱 용기
- 종이
- 가위
- 그림물감
- 작은 금속 물체
  (나사, 용수철, 옷핀, 베어링 등 집에 있는 물건)
- 자석

🧪 실험 방법과 순서

1. 준비한 플라스틱 용기 크기에 맞게 종이 한 장을 가위로 잘라 용기 안에 넣습니다.
2. 준비한 금속 물체들을 그림물감에 담갔다가 종이 위에 올려놓습니다.
3. 플라스틱 용기 밑에 자석을 대고, 종이를 따라 이리저리 움직입니다.

🔍 이렇게 관찰해요

종이 위에서 금속 물체들이 움직이며 어떤 무늬를 만드나요?

⭐ 응용해 보요

다른 자석 몇 개를 그림물감에 담갔다가 플라스틱 용기 속 종이 위에 놓습니다. 그리고 플라스틱 용기 밑에 있는 자석을 움직이며 좀 더 흥미로운 작품을 만들어 내세요. 자석 사이에 작용하는 끌힘(인력)과 밀힘(척력)을 실험해 보세요.

❓ 무슨 원리일까요

자석은 종이와 플라스틱을 뚫고 금속 물체들을 끌어당길 정도로 힘이 세답니다. 금속 물체들을 물감에 담그면, 그 물체들이 자석의 움직임에 따라 어떻게 움직이는지 눈으로 볼 수 있어요.

 교과서 속 과학 개념

끌힘(인력), 밀힘(척력)

끌힘은 떨어져 있는 물체들이 서로 끌어당기는 힘이고, 밀힘은 서로 밀어내는 힘입니다. 다른 말로는 각각 인력, 척력이라고 말해요.

자석은 철을 끌어당기는 힘이 있어요. 자석끼리는 다른 극끼리는 끌힘이 작용하고, 같은 극끼리는 밀힘이 작용합니다.

무지개 색칠하기

- 교과서 : 6학년 1학기 5단원 빛과 렌즈
- 핵심 개념 : 프리즘
- 실험 난이도 : 쉬워요
- 총 실험 시간 : 15분
- 관련 분야 : 과학

우리 집에서 무지개를 만들 수 있을까요? 자연에서 무지개가 어떻게 만들어지는지 배우고, 직접 무지개를 만들어 그 무지개를 손으로 잡아 보세요.

준비물
- 삼각 프리즘이나 물방울 프리즘
- 흰 종이
- 색연필

실험 방법과 순서
1. 볕이 좋은 날, 프리즘을 창가에 두고 햇빛을 많이 받게 합니다.
2. 프리즘 각도를 다양하게 잡아서, 방 여기저기에 무지개를 비추는 실험을 해 봅니다.
3. 이제 무지개가 흰 종이를 비추게 각도를 잡아 보세요. 그리고 색연필로 프리즘에서 나오는 무지개를 따라 색을 칠합니다.

이렇게 관찰해요
프리즘 각도를 바꾸면 무지개의 크기와 모양은 어떻게 바뀌나요?

응용해 보요
손전등과 프리즘, 검은 종이 한 장을 준비해서 어두운 방에 들어갑니다. 방 안에서 프리즘을 검은 종이 위에 놓고, 손전등 불빛을 여러 각도로 비춰 프리즘을 통과하게 합니다. 이 불빛은 햇빛과 어떤 점이 다른가요? 또 어떤 점이 같은가요?

무슨 원리일까요
자연에도 프리즘이 있는데, 바로 빗방울이에요. 빗방울은 태양이 내보내는 백색광을 분산시키거나 빛을 빨강, 주황, 노랑, 초록, 파랑, 보라 등 우리 눈에 보이는 색깔로 나누면서 삼각 프리즘과 똑같은 방식으로 작용합니다. 이 빗방울을 통해 태양이 저마다 다른 각도에서 꺾여(굴절) 무지개를 만들지요.

교과서 속 과학 개념

프리즘

프리즘은 보통 삼각형 모양의 투명한 기둥을 말해요. 프리즘을 통과한 빛은 굴절이 되는데요, 이때 빛의 색깔에 따라 굴절이 되는 정도가 다르답니다. 그래서 프리즘을 통과한 빛은 색깔별로 굴절되는 정도에 따라 퍼지기 때문에, 무지개 모양을 관찰할 수가 있습니다.

기름이 밀어낸 수채화

- 교과서 : 3학년 1학기 2단원 물질의 성질
- 핵심 개념 : 무극성(비극성)/극성 결합
- 실험 난이도 : 쉬워요
- 총 실험 시간 : 30분
- 관련 분야 : 과학

기름과 물을 이용해 재미있는 질감의 미술 작품을 만들 수 있나요? 기름과 수채화 물감을 섞어 실험해 보고, 아주 멋진 작품도 만들어요.

준비물

- ☐ 제빵용 쟁반
- ☐ 두꺼운 흰색 종이
- ☐ 그림 붓
- ☐ 식용유
- ☐ 수채화 물감

실험 방법과 순서

1. 주변이 지저분해지지 않게, 실험 전에 두꺼운 종이를 제빵용 쟁반 위에 올려놓습니다.
2. 그림 붓을 사용해 종이에 식용유로 밑그림을 그립니다. 좋은 결과를 내려면 선을 강하고 굵게 그리세요.
3. 밑그림을 다 그렸으면, 종이에 수채화 물감으로 덧칠해서 그림을 완성합니다.

이렇게 관찰해요

기름 밑그림 위로 수채화 물감을 덧칠할 때, 어떤 점이 눈에 띄나요? 그림이 마르면 어떻게 되나요?

응용해 보요

이번에는 종이에 그린 기름 밑그림이 다 마를 때까지 기다렸다가, 수채화 물감을 마른 밑그림 위에 칠하면 어떻게 되나요? 기름 밑그림을 그리자마자 위에 덧칠할 때와는 결과가 다른가요? 왜 그럴까요?

❓ 무슨 원리일까요

기름과 물은 서로 다른 화학 결합으로 만들어져서 섞이지 않아요. 기름은 무극성 결합으로, 물은 극성 결합으로 묶여 있습니다. 여기서 그린 그림에서는 기름이 수채화 물감을 밀어낸답니다. 그래서 수채화 물감이 기름 밑그림이 있는 종이에 스며들지 않고, 아주 흥미로운 결과를 만들어 내지요.

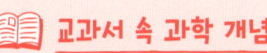
교과서 속 과학 개념

무극성(비극성)/극성 결합
분자는 결합되는 원자의 종류나 결합된 모양에 따라, 전기적인 극성을 띠기도 하고 띠지 않기도 합니다. 극성을 띠는 경우 '극성 결합'이라고 하고, 극성을 띠지 않는 경우 '무극성 결합'이라고 합니다. 우리가 매일 마시는 물은 대표적인 극성 결합 물질이고, 식용유는 무극성 결합 물질이에요. 그래서 물과 식용유는 서로 잘 섞이지 않는답니다.

얼음 미술

교과서 : 4학년 2학기 2단원 물의 상태 변화	실험 난이도 : 쉬워요
핵심 개념 : 녹는점	총 실험 시간 : 20분
	관련 분야 : 과학

얼음에 소금을 뿌리면, 어떻게 될까요? 실험을 해 보면, 이 질문에 대한 정답도 얻어 가고, 덤으로 소금과 얼음 사이에 일어나는 작용을 활용해서 재미나고, 알록달록하며, 결이 생생한 미술 작품을 완성하게 될 거예요.

준비물

- ☐ 얼음 조각을 가득 채운 큰 그릇
- ☐ 소금
- ☐ 액체 수채화 물감
- ☐ 그림 붓

🧪 실험 방법과 순서

① 큰 그릇에 얼음 조각을 넣고, 그 위에다 소금을 뿌립니다.

② 잠시 기다리면서, 소금이 얼음에 작은 길을 내며 녹아 들어가는 모습을 관찰해 보세요.

③ 그림 붓으로 얼음 조각에 수채화 물감을 칠합니다.

④ 얼음 조각의 다른 면에도 소금을 뿌려 보고, 멋진 결이 살아 있는 얼음 미술 작품을 만듭니다.

🔍 이렇게 관찰해요

얼음 조각 안쪽으로 자그마한 길이 나는 모습이 보이나요?

⭐ 응용해 보요

큰 플라스틱 저장 용기에 물을 얼려, 이번에는 더 큰 캔버스에 작품을 만들어 보세요.

❓ 무슨 원리일까요

일반적인 조건에서 얼음은 0℃에서 녹습니다. 그렇지만 소금을 더하면, 얼음이 녹는점이 몇 도 더 내려가게 돼요. 이 말은 곧 작은 소금 알갱이들이 얼음에 굴을 파고 길을 내면서, 독특하고 아름다운 작품을 만들어 낸다는 뜻이에요.

📖 교과서 속 과학 개념

녹는점
어떤 물질이 고체에서 액체로 상태가 변화하기 시작하는 온도를 말합니다. 녹는점은 여러 가지 물체의 종류에 따라서 다릅니다.

낙서 로봇

교과서 : 5학년 2학기 4단원 물체의 운동	실험 난이도 : 보통이에요
핵심 개념 : 진동	총 실험 시간 : 30분
	관련 분야 : 기술, 공학

저절로 색칠하는 로봇을 설계하고 만들 수 있을까요? 전동 칫솔과 사인펜, 여러분의 창의력을 사용해 나만의 낙서 로봇을 만들 수 있답니다.

준비물

- 전동 칫솔
  (균일가 생활용품점에서 파는 저렴한 제품이면 됩니다.)
- 수성 사인펜 3자루
- 투명 접착테이프
- 흰 종이(큰 것)

실험 방법과 순서

① 전동 칫솔 손잡이 끝부분에 투명 테이프로 수성 사인펜 3자루를 모두 붙입니다. 사인펜 3자루를 다 붙이고 나면, 이 낙서 로봇은 다리 3개짜리 의자처럼 설 수 있어야 해요.

② 사인펜 뚜껑을 연 다음, 낙서 로봇을 종이 위에 세우고 전원을 켭니다.

③ 로봇이 종이 위에서 왔다 갔다 하면서 특이한 무늬를 남기는 모습을 볼 수 있어요.

이렇게 관찰해요

낙서 로봇은 왜 그런 식으로 무늬를 그릴까요? 로봇이 그리는 무늬를 바꿀 수 있나요?

⭐ 응용해 보요

사인펜을 몇 자루 더 붙이거나 사인펜을 붙인 높이를 조정하면 무늬를 바꿀 수 있습니다. 로봇으로 다양하게 실험하면서, 어떤 재미난 무늬들을 그릴 수 있는지 확인해 보세요.

❓ 무슨 원리일까요

전동 칫솔 전원을 켜면, 안에 있는 모터가 회전하게 돼요. 이 회전은 바로 우리 손에 느껴지는 진동이 되지요. 로봇에 사인펜을 붙이면 진동하는 운동이 만들어내는 형태를 눈으로 쉽게 볼 수 있어요.

📖 교과서 속 과학 개념

진동

진동이란 물체 등이 흔들려서 움직이는 것을 말해요. 진동은 흔히 '떨림'이라고 부르기도 해요. 전동 칫솔 안의 모터는 매우 빠르게 회전하는데, 이 회전으로 인해 칫솔 몸통에 떨림이 발생하게 된답니다.

대칭 그림

교과서 : 4학년 2학기 3단원 그림자와 거울	실험 난이도 : 쉬워요
핵심 개념 : 대칭	총 실험 시간 : 30분
	관련 분야 : 수학

대칭은 나뭇잎, 꽃, 나비, 눈송이 등 우리 주변 자연 어디에나 있어요. 여러분도 대칭인 그림을 그릴 수 있나요? 이번에는 작품을 그릴 뿐만 아니라, 도형 감각도 키우게 될 거예요!

준비물

- ☐ 크고 두꺼운 도화지
- ☐ 그림 붓
- ☐ 그림물감
- ☐ 거울

❗ 이런 점은 조심해요

그림을 그리면 옷이나 주변이 지저분해질 수 있어요. 앞치마를 입고 식탁이 더러워지지 않게, 그림을 그릴 곳 주변에 신문지를 깔아 두세요.

🧪 실험 방법과 순서

1. 도화지를 반으로 접었다가 다시 펍니다.

2. 반으로 갈린 종이에서 그림을 그릴 쪽을 정합니다.

3. 결정했으면 그쪽에 붓으로 그림을 그립니다. 좋은 결과를 내려면 그림물감을 두껍게 칠하세요.

4. 앞서 접은 선을 따라서 종이를 다시 접고, 무늬가 종이 반대편에 옮겨지게 꽉꽉 누릅니다.

5. 종이를 다시 펼쳐, 대칭 그림을 살펴봅니다. 접은 선에 맞춰서 거울을 대보고, 그림이 대칭인지 확인합니다. 거울에 비친 무늬가 거울 뒤에 있는 그림과 똑같은가요?

🔍 이렇게 관찰해요

혹시 내가 쓰지 않은 새로운 색깔이 생겼나요?

218

⭐ **응용해 보요**

대칭을 좀 더 실험해 보세요. 종이 1/4에만 그림을 그린 뒤, 우선 종이를 가로로 절반 접었다가 펴고, 이어서 세로로 절반 접어서 누릅니다. 이렇게 하면 펼쳤을 때 어떤 무늬가 나오나요?

❓ **무슨 원리일까요**

종이를 접어 그림물감이 반대쪽에 묻으면, 양쪽에 똑같은 무늬가 생깁니다. 마주한 부분들이 똑같은 상(모습)이 되면, 그 모양은 대칭이 되지요. 이는 거울이 상을 비추는 것과 같은 원리랍니다. 거울에 비친 모습은 원래 모양과 대칭인 쌍둥이거든요.

대칭

대칭이란 사물 둘이 서로 같은 모습으로 마주 보며 짝을 이루고 있는 상태를 말합니다. 대칭을 2등분하였을 때, 거울에 비친 것처럼 똑같은 모양으로 마주 놓여 있는 관계입니다.

채소 탈수기 미술 작품

교과서 : 5학년 2학기 4단원 물체의 운동	실험 난이도 : 쉬워요
핵심 개념 : 원심력	총 실험 시간 : 25분
	관련 분야 : 과학

회전과 원심력을 실험해서 아름다운 미술 작품을 만들 수 있을까요? 채소 탈수기와 그림물감을 사용해, 독특한 무늬와 새로운 색을 신나게 만들어 봐요.

준비물

- ☐ 채소 탈수기
- ☐ 커피 여과지(웨이브 필터 형태)
- ☐ 그림물감
- ☐ 종이행주

🧪 실험 방법과 순서

1. 채소 탈수기에 커피 여과지 2~3개를 넣습니다.
2. 커피 여과지에 그림물감을 떨어뜨립니다. 다양한 색으로 원하는 무늬를 그리면서 떨어뜨리세요.
3. 채소 탈수기를 닫고 힘차게 돌립니다.
4. 채소 탈수기에서 작품을 조심스럽게 꺼내, 종이 행주에 올려 말립니다. 멋진 작품이 나왔나요?

🔍 이렇게 관찰해요

채소 탈수기로 돌리고 나면 커피 여과지에 생긴 무늬가 어떻게 변하나요?

⭐ 응용해 봐요

이번에는 커피 여과지에 원색만 떨어뜨려 색 혼합을 실험해 보세요. 색들이 어떻게 섞이나요? 어떤 새로운 색이 생기나요?

❓ 무슨 원리일까요

채소 탈수기는 바구니를 아주 빠르게 돌리며 작동합니다. 이렇게 돌리면 원심력 때문에 커피 여과지에 묻은 그림물감이 한가운데에서 바깥쪽으로 날아가게 돼요. 이 과정에서 색이 서로 섞이게 되고, 작품에는 물감이 철썩 튄 듯한 아름다운 무늬가 생긴답니다.

📖 교과서 속 과학 개념 ✏️

원심력

원심력은 물체가 빠르게 회전할 때 생기는 힘입니다. 빠르게 회전 운동을 하면, 중심에서 바깥쪽으로 멀어지려는 힘을 받게 되는데, 이것을 '원심력'이라고 합니다. 원심력은 회전 속도가 빨라질수록 커집니다. 놀이동산에서 회전목마와 같이 비교적 회전 속도가 느린 놀이기구를 탈 때는 원심력을 잘 느끼지 못하지만, 빠르게 회전하는 비행 놀이기구를 타면 몸이 바깥쪽으로 쏠리는 힘을 느낄 수가 있습니다.

유리병 실로폰

교과서 : 3학년 2학기 5단원 소리의 성질
핵심 개념 : 소리 파동, 소리의 높낮이

실험 난이도 : 쉬워요
총 실험 시간 : 20분
관련 분야 : 과학, 수학

유리병과 물로 악기를 만들 수 있을까요? 수학과 과학에서 힘을 빌려 직접 소리 파동을 만들어 보고, 유리컵 실로폰을 연주하는 방법도 배워 봐요.

준비물

☐ 똑같은 크기의 유리컵 또는 밀폐 유리병 8개

☐ 계량컵

☐ 물

☐ 식품 착색제

☐ 플라스틱 숟가락, 나무 숟가락, 나무 연필

🧪 실험 방법과 순서

❶ 유리병 8개를 일렬로 놓습니다.

❷ 계량컵으로 첫 번째 병에는 물 1¾컵을, 두 번째 병에는 1½컵을, 세 번째 병에는 1¼컵을 넣습니다. 이렇게 병마다 물의 양을 1/4컵씩 줄여서, 마지막 병에는 물을 넣지 않고 그대로 둡니다.

❸ 물을 부은 병에 식품 착색제를 넣어, 색색의 물을 만듭니다.

❹ 이제 플라스틱 숟가락으로 각 병을 두드려 보세요.

🔍 이렇게 관찰해요

유리병을 두드릴 때, 각각 어떤 소리가 나나요? 더 낮은 소리는 어떤 병에서 나나요? 더 높은 소리는 어떤 병에서 나지요?

⭐ 응용해 보요

두드리는 도구를 달리하여 실험하면서, 어떻게 다른 소리가 나는지 확인합니다. 금속 숟가락, 나무 숟가락, 유리 막대 등을 사용해 봅니다. 그리고 이 유리병 실로폰으로 〈생일 축하합니다〉나 〈비행기〉같이 연주하기 쉬운 곡을 쳐 보세요.

❓ 무슨 원리일까요

유리병을 두드리면, 진동에 의해서 소리 파동이 생깁니다. 소리 높이는 이 진동이 얼마나 빠르냐에 따라 달라져요. 물이 가장 많이 담긴 병은 유리병의 진동을 가장 더디게 하므로, 가장 낮은음을 냅니다. 빈 유리병은 진동을 늦출 요소가 없기 때문에, 가장 빠르게 떨려서 높은음을 낸답니다.

📖 교과서 속 과학 개념

소리 파동

소리는 진동에 의해 발생됩니다. 이 진동이 공기의 진동을 통해 귀에 도달하면, 고막이 진동하여 소리를 들을 수 있게 돼요.

소리 파동은 사람의 입이나 스피커 등의 음원에서 발생한 진동이 공기 등에 퍼져 나가 우리의 귀를 진동시키는 것을 말해요. 소리 파동은 보통 '음파'라고도 부릅니다.

소리의 높낮이

소리의 높낮이는 진동수에 따라 달라집니다. 떨림이 빨라 진동수가 클수록 높은음이 되고, 떨림이 느려 진동수가 작을수록 낮은음이 됩니다.

6

수학

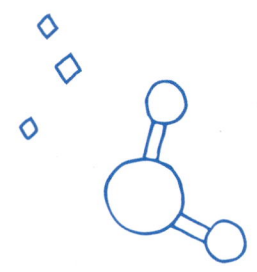

이제 자도 꺼내고 줄자도 쫙 펼쳐서 전문가처럼 측정하고, 계산하고, 기록하고, 도표를 만들 준비를 해 봐요!

이번 장에서는 직접 해시계를 만들어 시간을 알기도 하고, 다이어트 콜라로 폭발하는 분수도 만들고, 내 폐가 숨을 얼마나 들이쉬고 내쉬는지 확인하는 등 아주 많은 일을 해 보겠습니다.

수학은 융합인재교육 분야 전체를 통틀어 가장 중요해요. 길이, 거리, 각도, 부피, 무게, 온도, 시간을 측정할 줄 알아야 실험과 발명품이 얼마나 잘 작동하는지 알 수 있으니까요. 어떤 설계와 절차가 가장 좋은 결과를 내는지 비교해 보려면, 다양한 결과를 값으로 측정하는 방법도 알아야 합니다.

이 장에 나오는 실험 중에는 표와 도표를 활용할 줄 알아야 하는 실험이 많아요. 필요한 표와 도표는 직접 만들어도 좋고, 이 책 맨 뒤에 실린 양식을 사용해도 좋습니다. 훌륭한 수학자는 기록을 많이 하고, 그 결과를 읽기 쉬운 표와 도표로 깔끔하게 정리한답니다.

또 측정할 때는, 늘 실수가 생긴다는 점을 잊지 마세요. 거리나 시간, 부피는 정확하게 측정하기 어려울 때가 있어요. 정확하게 측정하도록 노력하되, 같은 활동을 몇 번씩 거듭합니다. 그렇게 반복해서 얻은 여러 값으로 평균을 내면, 측정이 좀 더 정확해집니다.

그리고 수학자들은 일할 때, 특별한 도구를 몇 가지 사용해요. 여러분이 사용해야 하는 도구에는 자와 줄자, 각도기, 계량컵, 주방용 저울, 온도계, 초시계 등이 있습니다. 이 도구들과 표와 도표, 연필을 꺼내 놓으면 수학 실험 준비는 다 된 거예요.

이 장에 나오는 실험 중에는 드라이아이스를 사용하는 활동도 몇 가지 있어요. 드라이아이스를 사야 할 때는 인터넷으로 판매하는 곳을 검색해 보세요. 만일 큰 드라이아이스를 샀다면, 망치로 두들겨서 작은 조각을 만든 뒤, 이 장에 나오는 재미난 실험들에 사용하면 됩니다.

무엇보다 실험하고, 측정하고, 발견하면서, 즐겁게 놀아 보자고요!

내 달리기 속력은?

교과서 : 5학년 2학기 4단원 물체의 운동	**실험 난이도** : 쉬워요
핵심 개념 : 속력	**총 실험 시간** : 20분

나는 과연 시간당 몇 킬로미터를 달릴 수 있을까요? 실험하기 전에 먼저 추측을 해 보고, 줄자와 초시계를 들고 밖으로 나가서 내 달리기 속력이 얼마나 되는지 알아봐요.

준비물

- ☐ 줄자
- ☐ 초시계

실험 방법과 순서

❶ 달릴 공간이 충분한 곳으로 갑니다. 공원이나 운동장 등 밖에서 달려도 되고, 농구장 같은 실내 공간에서 달려도 됩니다.

❷ 달리기 전에 줄자로 자신이 달리려고 하는 거리를 측정합니다. 이때 줄자를 잡아 줄 사람이 필요할지도 몰라요. 달리고 싶은 거리는 스스로 정하면 되지만, 처음에는 15~20m 정도가 적당해요. 이미 측정 거리를 표시해 둔 운동장에서 달릴 수 있으면 가장 좋겠죠.

❸ 위에서 정한 거리를 달리고, 시간이 얼마나 걸리는지는 다른 사람에게 부탁해 초시계로 잽니다. 몇 초가 걸렸는지 기록으로 남깁니다.

❹ 이제 거리를 시간으로 나눠, 초당 몇 미터를 달렸는지 속력을 계산합니다.

❺ 이 속력에 3,600(1시간=3,600초)을 곱한 다음, 1,000(1km=1,000m)으로 나누어 시간당 킬로미터로 환산합니다. 예를 들어, 20m를 5초에 달렸다면, 내 속력은 초당 4m입니다. 여기에 3,600을 곱해 시간으로 바꾸고, 다시 1,000으로 나눠 킬로미터로 바꾸세요. 그러면 시속 14.4km가 나옵니다.

이렇게 관찰해요

같은 거리를 여러 번 뛰어서, 그때마다 시간을 잽니다. 달릴 때 매번 속력이 달라지나요? 왜 그럴까요? 더 먼 거리를 달릴 때도 이전과 같은 속력으로 뛸 수 있나요?

⭐ 응용해 보요

생수병 같은 무거운 물건을 들고 뛰어봅니다. 그러면 뛰는 속력이 어떻게 달라지나요?

❓ 무슨 원리일까요

속력은 '단위 시간 동안 이동한 거리', 즉 움직임이 얼마나 빠른지를 측정한 값입니다. 이 실험에서는 미터 기준 초속(1초를 단위로 해서 잰 속력)으로 내가 달린 속력을 먼저 측정하고, 그 다음에 킬로미터 기준 시속(1시간을 단위로 해서 잰 속력)으로 환산해요. 1시간은 3,600초이므로 먼저 3,600을 곱하고, 1km는 1,000m이므로 1,000으로 나누어요.

📖 교과서 속 과학 개념 ✏️

속력과 속도

속력은 일상생활에서 물체의 빠르기를 나타내는 말로, 일정한 시간 동안 이동한 거리를 뜻합니다. 보통 속도라는 말과 같이 쓰이기도 하지만, 과학(물리)에서 속력과 속도에는 차이가 있습니다.

속도는 일정한 시간 동안 변화된 위치의 거리 차를 의미하며, 물체의 빠르기를 이동한 방향과 함께 나타냅니다. 만일 한 바퀴에 400m인 트랙을 40초 동안 달려서 처음의 위치로 돌아왔다면, 속력은 초당 10m입니다. 하지만 처음의 위치로 돌아왔기 때문에 위치의 변화가 없지요? 따라서 속도는 초당 0m가 됩니다.

집에서 직선거리로 500m 떨어진 학교에 가는 데, 실제 이동한 거리는 1,000m이고 걸린 시간은 100초라고 한다면, 속력과 속도는 어떻게 될까요?

100초 동안 이동한 거리는 1,000m이므로 초당 10m로 이동한 것입니다. 즉, 속력은 초당 10m예요. 하지만 집과 학교 사이의 직선거리는 500m이므로, 집에서 학교 방향으로 초당 5m 이동한 것이 돼요. 즉, 속도는 초당 5m가 됩니다.

동전 위 물방울 지붕

교과서 : 4학년 2학기 2단원 물의 상태 변화	실험 난이도 : 쉬워요
핵심 개념 : 물 분자, 표면장력	총 실험 시간 : 15분
	관련 분야 : 과학

우리는 중력을 거스를 수 있을까요? 동전 표면 위에 물로 반구형 지붕을 만드는 과학 마법을 부려 봐요. 이 현상이 어떻게 일어나는지 배우고, 동전 표면 위로 물을 몇 방울이나 떨어뜨릴 수 있는지 세어 보세요. 어떤 결과가 나올지 기대하세요.

준비물

- 동전
- 물이 든 컵
- 플라스틱 피펫이나 스포이트

실험 방법과 순서

1. 평평한 바닥 위에 동전을 놓습니다.
2. 스포이트를 살살 눌러 짜서, 한 번에 한 방울씩 동전 위에 물을 떨어뜨립니다.
3. 몇 방울이나 떨어뜨려야 동전 위 물방울 지붕이 터지고 물이 흘러 내리는지 세어 보세요.
4. 이 실험을 여러 번 반복하고, 그때마다 물을 몇 방울 떨어뜨렸는지 기록합니다. 실험을 다 마치면 떨어뜨린 물방울 수를 전부 합하고, 실험한 횟수로 나누어 평균값을 계산합니다.

이렇게 관찰해요

실험을 반복할 때마다 동전 위에 떨어뜨린 물방울 수가 달라지나요, 아니면 똑같은가요? 왜 그럴까요?

⭐ 응용해 보요

동전을 여러 개 모아서 '동전 1, 동전 2, 동전 3'과 같이 각각 이름을 붙여요. 식탁 위에 늘어놓고, 각 동전에 물을 몇 방울이나 떨어뜨릴 수 있는지 기록합니다. 이 과정을 여러 번 되풀이해서, 각 동전에 물이 몇 방울이나 쌓이는지 평균을 내 보세요.

❓ 무슨 원리일까요

물 분자들은 서로 아주 강하게 끌립니다. 표면에서 물 분자들은 공기 중에 있는 물 분자보다 서로 가장 강하게 끌리고, 그래서 훨씬 단단하게 결합합니다. 또한 물을 담은 용기 테두리 위로 물방울이 맺혀 그대로 머물러 있는 둥근 지붕도 같은 이유로 일어나는 현상입니다. 이 둥근 지붕은 중력이 물 분자 사이에 있는 힘을 이겨서, 물이 테두리를 넘어 흘러내릴 때까지 그대로 유지됩니다.

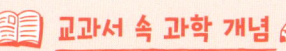 교과서 속 과학 개념

물 분자

분자는 가장 작은 입자인 원자들의 화학 결합으로 만들어집니다. 우리가 살아가는 데 꼭 필요한 물은 물 분자들로 이루어져 있어요. 수소 원자 2개와 산소 원자 1개가 결합하여 물 분자가 됩니다.

표면장력

액체에는 표면적을 될 수 있는 한 작게 하려고 하는 힘인 표면장력이 있어요. 이것은 액체의 분자들 사이에 서로 끌어당기는 힘이 작용하고 있기 때문이에요. 물 분자는 서로 끌어당기는 힘이 커서 표면장력이 큽니다.

캔 음료 빨리 식히기

교과서 : 5학년 1학기 2단원 온도와 열
핵심 개념 : 열 전도체, 대조군
실험 난이도 : 쉬워요
총 실험 시간 : 40분
관련 분야 : 과학

탄산음료를 따뜻하게 마시는 사람은 거의 없겠지만, 가끔은 냉장고에 자리가 충분하지 않을 때도 있지요. 그럴 때 뜨뜻미지근한 캔 음료를 가장 빨리 시원하게 하는 방법으로는 무엇이 있을까요? 이 실험으로 물과 공기가 각각 열을 얼마나 잘 전도하는지 알아보고, 실험이 끝나면 시원한 음료도 맛보세요.

준비물

- 미지근한 탄산음료 4캔
- 비닐 랩
- 큰 그릇
- 얼음
- 색색 사인펜
- 온도계
- 고무줄
- 차가운 물
- 연필
- 빈 표(262쪽)
- 빈 도표(263쪽)

실험 방법과 순서

1. 빈 표에 연필로 세로 5칸에 '시간, 냉동실, 냉장실, 얼음물 그릇, 대조군'이라고 써넣습니다. 여기에 5분마다 각 캔 온도를 기록할 거예요.

2. 탄산음료 캔을 모두 따고, 온도계로 음료 온도를 각각 측정합니다. 시간은 0으로 기록하고, 4캔 모두 온도를 재서 표에 기록합니다.

3. 4개의 캔 모두 위에 비닐 랩을 두르고, 고무줄로 감아 입구를 막아요.

4. 차가운 물과 얼음 몇 컵을 큰 그릇에 넣습니다.

5. 캔 하나는 냉동실에, 하나는 냉장실에, 하나는 얼음물 그릇에 넣습니다. 나머지 하나는 대조군으로 그대로 놔두세요.

6. 캔마다 5분에 한 번씩, 30분간 온도계로 온도를 측정합니다.

7. 실험 결과를 도표로 그립니다. 가로축에 '시간'이라고 쓰고, 세로축에 '온도'라고 씁니다. 캔마다 다른 색깔 사인펜으로 결과를 기록하세요.

🔍 이렇게 관찰해요

어느 방법을 쓸 때, 음료 캔이 가장 빠르게 차가워지나요? 30분이 지나면 어느 방법이 음료를 가장 차갑게 만드나요?

⭐ 응용해 봐요

음료 캔을 차갑게 식힐 다른 방법으로는 무엇이 있을지 생각해 보세요. 캔을 젖은 수건으로 감싸거나, 선풍기 바람을 직접 쐬게 할까요? 얼음물 그릇에 소금을 넣으면 어떨까요? 몇 가지 방법으로 더 실험해 보고, 캔을 더 빨리 차갑게 하는 방법이 있는지 알아 보세요.

❓ 무슨 원리일까요

냉동실과 냉장실은 모두 안에서 차가운 공기를 순환하게 해서 물체를 식힙니다. 차가운 공기가 미지근한 음료 캔에서 열을 가져가 버리거든요. 그런데 물은 공기보다 더 뛰어난 열 전도체라서, 얼음물 그릇에 넣어 둔 캔에서는 열이 훨씬 빠르게 없어진답니다.

📖 교과서 속 과학 개념 ✏️

열 전도체

열은 온도가 높은 쪽에서 낮은 쪽으로 이동합니다. 금속과 같이 열이 잘 전달되는 물체를 '열 전도체'라고 합니다. 요리할 때 쓰는 프라이팬은 가스 불꽃의 열을 잘 전달하도록 열 전도체인 금속으로 이루어져 있어요. 반면에 손잡이 부분은 뜨거운 열이 잘 전달되지 않도록 플라스틱이나 고무 재질의 재료로 만든답니다.

대조군, 실험군

여러분이 실험을 할 때 관찰되는 모습이 어떤 이유 때문인지 알아보기 위해서는 서로 비교할 대상을 정해야 합니다. 이때 아무것도 하지 않고 그대로 두는 것을 '대조군'이라고 해요. 반대로 대조군과는 다른 어떠한 변화를 주는 것을 '실험군'이라고 하지요. 이 실험에서 캔 음료가 얼마나 빨리 차가워지는지 확인하기 위하여 냉동실, 냉장실, 얼음물에 캔을 넣은 것이 실험군입니다. 반대로 아무것도 하지 않고 그대로 놔둔 것이 대조군이에요.

얼마나 빨리 식을까?

교과서 : 5학년 1학기 2단원 온도와 열	**실험 난이도** : 쉬워요
핵심 개념 : 드라이아이스	**총 실험 시간** : 40분
	관련 분야 : 과학

얼음과 드라이아이스는 각각 얼마나 빠르게 물을 식힐까요? 둘 중 어느 얼음이 물을 더 빠르게 식힐 수 있을까요? 그리고 결국에는 어떤 얼음이 물을 더 차갑게 만들까요? 온도계로 재면서 알아봐요.

준비물

- ☐ 컵 또는 밀폐 유리병 2개
- ☐ 온도계 2개
- ☐ 연필
- ☐ 얼음 60g
- ☐ 차가운 물
- ☐ 주방용 저울
- ☐ 드라이아이스 60g
- ☐ 색색 사인펜
- ☐ 빈 표(262쪽)
- ☐ 빈 도표(263쪽)

❗ 이런 점은 조심해요

드라이아이스를 다룰 때는 반드시 장갑을 끼거나 수건을 사용해야 해요. 맨손으로 만지면 피부에 얼음 화상을 입게 되거든요. 반드시 어른에게 도움을 받으세요.

🧪 실험 방법과 순서

❶ 컵 2개에 차가운 물을 3/4 정도씩 채웁니다. 컵마다 온도계를 하나씩 넣고, 몇 분 기다리며 온도를 잽니다.

❷ 기다리는 동안 빈 표를 가져와서, 연필로 세로 3칸에 '시간, 드라이아이스 물 온도, 얼음물 온도'라고 적습니다. 그리고 저울로 얼음 60g, 드라이아이스 60g을 각각 달아 놓습니다.

❸ 물이 든 컵 2개에 얼음과 드라이아이스를 따로따로 넣습니다. 그 다음 표에 각 컵의 시간과 물 온도를 기록합니다.

❹ 온도계는 컵에 그대로 둔 채, 일정한 시간을 두고 물을 휘저어 온도를 고르게 유지합니다.

❺ 10~15분 간격으로 각 컵의 물 온도를 재고 기록합니다.

❻ 이제 도표 가로축에 '시간', 세로축에 '온도'라고 쓰고 결과를 도표로 표시합니다. 색이 다른 사인펜으로 드라이아이스 얼음물과 일반 얼음물을 측정해 나온 결과를 각각 기록하세요. 그런 다음, 컵 2개의 물 온도가 시간이 지나면서 어떻게 변하는지 비교해 보세요.

🔍 이렇게 관찰해요

어느 컵에 담은 물이 더 빨리 차가워졌나요? 드라이아이스와 얼음이 다 없어졌을 때, 어떤 물이 더 차가졌나요?

⭐ 응용해 봐요

이번에는 더 큰 컵을 사용해서, 컵에 넣는 얼음과 드라이아이스 무게를 각각 120g으로 늘립니다. 30분 동안 1분마다 온도를 측정하고, 결과가 어떻게 다른지 비교해 보세요.

❓ 무슨 원리일까요

물은 0℃에서 얼지만, 드라이아이스 표면 온도는 영하 78.5℃입니다. 드라이아이스가 훨씬 차갑기 때문에, 물을 더 낮은 온도로 식히게 되지요.

📖 교과서 속 과학 개념

드라이아이스

이산화탄소는 무색, 무취의 기체로 압력을 가하면 액체 상태로 만들 수 있고, 더 큰 압력을 가하면 고체 상태인 드라이아이스를 만들 수 있습니다. 드라이아이스는 아이스크림을 포장할 때 넣어 주는 얼음처럼 생긴 고체를 말합니다. 물은 0℃에서 얼음이 되지만, 이산화탄소는 영하 78.5℃에서 드라이아이스가 되기 때문에 드라이아이스의 온도가 얼음보다 낮아서 더 차갑습니다.

내 폐활량은?

교과서 : 6학년 2학기 4단원 우리 몸의 구조와 기능
핵심 개념 : 폐활량, 밀도와 부피
실험 난이도 : 쉬워요
총 실험 시간 : 20분
관련 분야 : 과학, 공학

내 허파가 숨을 들이쉬고 내쉬는 양을 알고 있나요? 폐활량계(폐활량을 재는 기구)를 직접 만들어 알아봅시다. 측정한 결과를 보면 어쩜 깜짝 놀랄지도 몰라요.

준비물

- ☐ 2L 생수병 또는 뚜껑 있는 플라스틱 우유병
- ☐ 물
- ☐ 물을 반쯤 채운 큰 그릇
- ☐ 주름 빨대
- ☐ 유성 사인펜
- ☐ 계량컵

🧪 실험 방법과 순서

❶ 병에 물을 가득 채우고 뚜껑을 닫습니다.

❷ 물을 반쯤 채운 그릇에 물을 가득 채운 병을 거꾸로 넣습니다. 물속에서 병뚜껑을 살살 돌려 엽니다. 병이 기울어지면 병 속의 물이 그릇으로 빠져나가므로 기울어지지 않도록 조심합니다.

❸ 주름 빨대를 들어 한끝은 병 주둥이에 넣고, 다른 쪽 끝은 물 위로 나와 있게 합니다.

❹ 숨을 깊이 들이쉰 뒤, 허파에서 공기가 다 빠져나갈 때까지 빨대에 숨을 천천히 불어 넣습니다. 이 공기가 병으로 흘러 들어가면서, 병에 든 물을 물그릇으로 밀어냅니다.

❺ 내가 불어 넣은 숨은 전부 병 위쪽에 갇히게 됩니다. 이제 병을 수평으로 잘 잡고, 물 위에 공기가 찬 지점(물과 공기의 경계선)을 유성 사인펜으로 표시하세요.

❻ 병에 얼마나 숨을 불어 넣었는지 측정하려면, 물그릇에서 병을 꺼내 사인펜으로 표시한 곳까지 물을 채웁니다. 이 물을 계량컵에 따른 후, 양을 측정하세요.

🔍 이렇게 관찰해요

나는 과연 숨을 얼마나 병에 불어 넣었나요? 결과를 보고 깜짝 놀랐나요?

⭐ 응용해 보요

보통 7세 어린이는 허파에 공기를 1L 정도 담을 수 있지만, 어른은 4~6L를 담을 수 있어요. 그렇다면 어른 폐활량을 측정하는 실험도 설계할 수 있을까요?

❓ 무슨 원리일까요

공기는 물보다 밀도가 낮습니다. 빨대를 사용해 병 안으로 숨을 내쉬면 들어간 공기가 위로 움직이면서 병에 든 물을 밀어내지요. 공기는 들어간 부피만큼만 물을 밀어내므로, 병에서 밀려난 물의 양을 계산하면 내 폐활량도 측정할 수 있답니다.

📖 교과서 속 과학 개념 ✏️

폐활량

폐활량은 우리가 숨을 쉴 때 한 번에 공기를 최대로 들이마셨다가 다시 내뿜을 수 있는 양을 말합니다. 폐활량 실험에서는 물이 든 통을 수직으로 세우고 그 안에 공기를 불어넣으면, 통 속에 공기가 채워지는 만큼 물이 빠져나가는 것을 관찰하여 폐활량을 알아볼 수 있어요. 물이 많이 빠져나갔다는 것은 그만큼 공기가 많이 채워졌다는 거예요. 이 공기는 숨을 내쉬면서 나온 것이기 때문에, 공기가 많이 나와서 물이 많이 빠져나갈수록 폐활량이 크다는 것을 관찰할 수 있어요.

밀도와 부피

어떤 물질이 빽빽하게 모여 있는 정도를 밀도라고 합니다. 물체의 무거운 정도를 뜻하기도 합니다. 같은 부피의 물질을 비교하였을 때 무게가 많이 나가는 물체의 밀도가 더 높다고 합니다. 같은 양의 물과 공기를 비교하면 물이 더 무겁습니다. 물의 밀도가 공기의 밀도보다 더 높은 것이지요.

나무 막대 투석기

- **교과서** : 5학년 2학기 4단원 물체의 운동
  6학년 2학기 5단원 에너지와 생활
- **핵심 개념** : 위치 에너지
- **실험 난이도** : 보통이에요
- **총 실험 시간** : 40분
- **관련 분야** : 과학, 공학

간단한 만들기 놀이용품 몇 가지로 투석기를 만들어서, 다양한 물체를 쏘아 올릴 수 있나요? 각 물체가 얼마나 멀리 날아가는지 측정하고, 투석기를 좀 더 손봐서 날아가는 거리도 최대한 늘려 보세요.

준비물

- ☐ 대형 나무 막대 7개
- ☐ 고무줄 5개
- ☐ 플라스틱 병뚜껑
- ☐ 글루건과 글루스틱
- ☐ 발사할 가벼운 물체
  (마시멜로, 털 방울, 연필 뒤에 달린 지우개, 솜 뭉치 등)
- ☐ 줄자
- ☐ 빈 표(262쪽)

❗ 이런 점은 조심해요
글루건은 꼭 어른에게 도움을 받아서 사용하세요.

🧪 실험 방법과 순서

❶ 나무 막대 5개를 쌓아 올린 뒤, 양쪽 끝에 고무줄을 묶어 고정합니다. 이것이 지렛목(받침점)이에요.

❷ 남은 나무 막대 2개는 한쪽 끝에만 고무줄을 묶어 고정합니다. 이것이 발사대(힘점)가 돼요.

❸ 발사대에서 묶지 않은 끝을 벌린 다음, 그 사이로 지렛목을 끼워 중간 지점까지 밀어 넣습니다.

❹ 이제 발사대와 지렛목이 교차한 부분에 새 고무줄 하나를 두어 번 감습니다. 이 고무줄은 나중에 한두 번 더 돌려 감을 수 있게 탄성을 남겨서 조금 헐렁하게 감아야 해요. 똑같은 방법으로 반대쪽에 고무줄 하나를 더 감아 고무줄 2개가 X자 모양으로 교차하면서 발사대와 지렛목을 고정시킵니다.

❺ 글루건으로 열려 있는 발사대 끝에 플라스틱 병뚜껑을 붙입니다.

❻ 이제 병뚜껑에 발사할 물체를 놓습니다. 투석기를 한 손으로 잡고, 다른 손으로는 발사대를 누릅니다. 그리고 발사대를 누른 손을 떼어, 그 물체가 날아가는 모습을 지켜보세요.

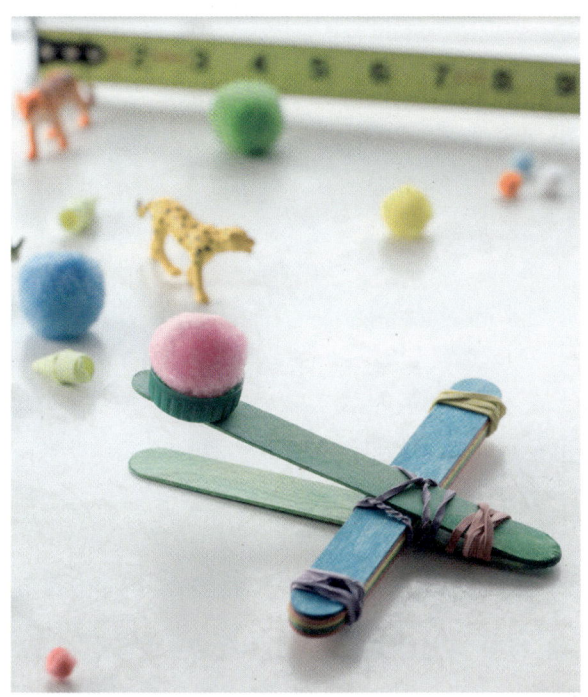

❼ 발사한 물체가 날아간 거리를 줄자로 잽니다.

❽ 준비한 빈 표에 투석기로 발사한 물체들이 날아간 거리를 각각 기록합니다.

🔍 이렇게 관찰해요

어떤 발사체가 가장 멀리 날아가나요?

⭐ 응용해 보요

지렛목 높이나 발사대 길이를 달리해서 물체를 더 멀리, 또는 더 높이 날아가게 할 수 있나요? 표에 결과를 기록해 보세요.

❓ 무슨 원리일까요

투석기는 발사대를 눌렀을 때 휘어지는 발사대의 탄성력에 의한 위치 에너지를 저장해 작동합니다. 이 위치 에너지가 발사대를 놓아 튀어 나가게 하는 순간 곧바로 운동 에너지로 변하게 된답니다.

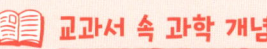 교과서 속 과학 개념

위치 에너지

위치 에너지란 어떤 물체가 특정한 위치에서 잠재적으로 지니고 있는 에너지를 말합니다. 위치 에너지는 물체가 중력에 의해 가지게 되는 위치 에너지와 고무줄이나 용수철 같은 탄성체가 가지고 있는 탄성력에 의한 위치 에너지가 있습니다.

나무 막대 투석기에서는 휘어진 발사대의 나무 막대가 가지고 있는 탄성력에 의한 위치 에너지가 운동 에너지로 바뀌면서 발사한 물체들이 앞으로 날아가게 됩니다.

운동 에너지

운동 에너지는 운동하고 있는 물체, 즉 움직이는 물체가 지니고 있는 에너지를 말합니다.

사라지는 얼음

교과서 : 4학년 2학기 2단원 물의 상태 변화	실험 난이도 : 보통이에요
핵심 개념 : 승화	총 실험 시간 : 90분
	관련 분야 : 과학

드라이아이스는 얼음인데, 왜 '드라이(건조)'하다고 할까요? 드라이아이스와 그냥 얼음 무게가 시간이 지나면서 어떻게 변하는지 측정해 봐요. 이 실험으로 물질의 상태 변화를 배우고, 드라이아이스가 무엇인지 알아보면서 즐겁게 놀아요.

준비물

- ☐ 작은 그릇 2개
- ☐ 드라이아이스 60g
- ☐ 연필
- ☐ 주방용 저울
- ☐ 얼음 60g
- ☐ 빈 표(262쪽)
- ☐ 빈 도표(263쪽)

❗ 이런 점은 조심해요

드라이아이스를 다룰 때는, 반드시 장갑을 끼거나 수건을 사용하세요. 맨손으로 만지면 피부에 화상을 입게 돼요. 반드시 어른에게 도움을 받으세요.

🧪 실험 방법과 순서

❶ 빈 표를 가져와 세로 3칸에 연필로 각각 '시간, 얼음, 드라이아이스'라고 써넣습니다.

❷ 주방용 저울에 빈 그릇 2개의 무게를 달아 표에 기록합니다.

❸ 드라이아이스와 얼음을 각각 다른 그릇에 담습니다.

❹ ❸의 그릇 무게를 다시 측정해서 표에 무게를 기록합니다.

❺ 각 그릇 무게를 15분마다 재어 기록합니다.

❻ 시간이 지나면서 드라이아이스와 얼음 무게가 어떻게 변했는지 그 값을 도표로 표시합니다. 가로축을 '시간', 세로축을 '무게'로 해서 도표를 그리세요.

🔍 이렇게 관찰해요

1~2시간 후 그릇을 다시 확인해 보세요. 드라이아이스와 얼음 조각들은 각각 어떻게 되었나요? 각 물질은 무게가 어떻게 변했나요?

⭐ 응용해 보요

큰 유리병 2개에 물을 채우세요. 유리병에 드라이아이스와 얼음 조각을 따로따로 넣고, 시간이 지나면서 이 컵 무게가 어떻게 변하는지 측정한 다음, 그 결과를 도표로 만들어 보세요.

❓ 무슨 원리일까요

드라이아이스는 고체 상태인 이산화탄소랍니다. 그리고 실온에서는 승화, 즉 기체로 변해서 이산화탄소 가스를 만들지요. 드라이아이스가 '건조'한 이유는 습기를 남기지 않기 때문이에요. 드라이아이스가 전부 승화하고 나면, 그릇에는 아무것도 남지 않게 됩니다.

드라이아이스와 얼음 조각을 비교해 보면서, 시간이 지나도 얼음 조각 무게는 어떻게 그대로 유지되는지 확인해 보세요. 무게가 그대로인 이유는 얼음이 물로 녹아 형태만 바뀌었기 때문이에요.

📖 교과서 속 과학 개념

물질의 상태 변화
물질 자체는 변하지 않고, 주로 열에 의해서 고체, 액체, 기체의 상태만 변하는 현상을 말합니다.

승화
승화는 물질에 열을 가했을 때, 고체 상태에서 액체 상태가 되지 않고, 곧바로 기체 상태로 변화하는 것을 말합니다. 물은 고체 상태의 얼음에 열을 가하면 액체 상태가 되고, 계속해서 열을 가하면 기체 상태가 되지요. 하지만 드라이아이스는 고체 상태에서 열을 가하면, 곧바로 기체 상태의 이산화탄소가 됩니다.

팝콘 산수

- **교과서** : 4학년 1학기 4단원 물체의 무게
- **핵심 개념** : 질량 보존 법칙, 닫힌계
- **실험 난이도** : 쉬워요
- **총 실험 시간** : 10분
- **관련 분야** : 과학

팝콘을 튀기면 팝콘이 들어 있는 봉지 무게가 전과 달라질까요? 팝콘을 튀기기 전과 후의 팝콘 봉지 무게를 각각 재어 비교하면서, 질량 보존 법칙을 배워 봐요. 실험이 끝나면 맛있는 팝콘도 먹고요.

준비물

- ☐ 전자레인지용 팝콘 1봉지
- ☐ 주방용 저울

🧪 실험 방법과 순서

❶ 주방용 저울로 튀기지 않은 팝콘 봉지 무게를 재고, 결과를 기록합니다.

❷ 팝콘 봉지를 전자레인지에 넣고, 봉지에 쓰인 방법대로 조리하세요.

❸ 다 됐으면 1분 정도 식게 놔둡니다. 식힌 봉지를 전자레인지에서 꺼내 다시 무게를 잽니다.

🔍 이렇게 관찰해요

전자레인지에 넣고 돌린 후에, 팝콘 봉지 무게가 달라졌나요? 이유는 무엇일까요?

⭐ 응용해 봐요

봉지를 열어 김이 빠지게 합니다. 김이 다 빠졌으면 무게를 재요. 무게가 달라졌나요? 왜 그럴까요?

❓ 무슨 원리일까요

질량 보존 법칙에 따르면, 질량은 화학 작용으로는 더해지지도 파괴되지도 않습니다. 즉 물질 상태가 화학적으로 아무리 변해도 그 계가 닫혀 있으면(외부와 물질을 교환하지 않는다면), 무게는 똑같다는 뜻이에요. 이 실험에서 팝콘 봉지는 완벽하게 닫힌계였을까요?

📖 교과서 속 과학 개념 ✏️

질량 보존 법칙

프랑스의 화학자인 라부아지에가 발견한 법칙입니다. 질량 보존의 법칙에 의하면, 화학 반응이 일어날 때 반응하는 물질의 전체 질량은 반응 후 생성되는 물질의 전체 질량과 같다는 것입니다.

닫힌계

외부와 물질 등을 서로 주고받지 아니하는 물리적 계를 의미합니다.

드라이아이스 부피

- **교과서** : 3학년 2학기 4단원 물질의 상태
- **핵심 개념** : 고체, 액체, 기체, 승화
- **실험 난이도** : 보통이에요
- **총 실험 시간** : 30분
- **관련 분야** : 과학

드라이아이스 부피는 시간이 지나면 어떻게 변할까요? 물이 담긴 유리컵에 드라이아이스와 얼음을 각각 넣고, 둘 다 없어지면서 어떤 일이 일어나는지 관찰해 보세요.

준비물

- ☐ 밀폐 유리병 또는 투명한 컵 2개
- ☐ 따뜻한 물
- ☐ 식품 착색제
- ☐ 색 테이프(마스킹 테이프, 절연테이프 등)
- ☐ 얼음 1/2컵
- ☐ 드라이아이스 1/2컵
- ☐ 계량컵

❗ 이런 점은 조심해요

드라이아이스를 다룰 때는 반드시 장갑을 끼거나 수건을 사용하세요. 맨손으로 만지면 피부에 화상을 입게 돼요. 반드시 어른에게 도움을 받으세요.

🧪 실험 방법과 순서

1. 준비한 유리병 2개에 따뜻한 물을 1컵씩 계량해 붓습니다. 병마다 색깔이 다른 식품 착색제를 몇 방울 떨어뜨립니다.

2. 각 병에 접착테이프를 붙여 원래 물 높이를 표시합니다.

3. 병 하나에 얼음을 넣습니다. 달라진 물 높이를 다른 색 테이프로 표시합니다.

4. 다른 병 하나에는 드라이아이스를 넣습니다. 이 달라진 물 높이도 다른 색 테이프로 표시합니다.

5. 얼음은 전부 녹고, 드라이아이스는 전부 승화해 사라질 때까지 양쪽 병을 잘 관찰합니다.

6. 이제 마지막 물 높이를 테이프로 양쪽에 표시합니다.

7. 계량컵으로 각 병에 남아 있는 물의 양을 측정합니다. 양쪽 병을 비교하면 물의 양은 어떤가요?

🔍 이렇게 관찰해요

실험을 하는 동안, 얼음을 넣은 병과 드라이아이스를 넣은 병 사이에 어떤 차이가 눈에 띄었나요? 마지막에 남은 물 높이는 또 어떻게 달랐나요?

⭐ 응용해 봐요

이번에는 따뜻한 물 대신 차가운 물로 같은 실험을 해 보세요. 그러면 어떻게 달라지나요?

❓ 무슨 원리일까요

얼음은 녹아서 물이 되므로, 얼음이 녹으면 병에 들어 있는 물 높이도 올라갑니다. 하지만 드라이아이스는 승화하면서 병 밖으로도 물을 어느 정도 끌고 나가요. 실험을 하면서 눈으로 보게 되는 증기가 바로 이 물입니다. 그래서 드라이아이스 병에 든 물 높이는 처음보다 조금 낮아지게 되지요.

그러면 얼음을 넣은 병은 얼음이 녹아 사라지는 동안 어떻게 될까요? 물은 액체 상태일 때보다 고체 상태(얼음)일 때 면적을 더 많이 차지해요. 얼음이 다 녹으면 물 높이가 대체로 올라가지만, 그래도 얼음이 들어 있을 때와 비교하면 조금 내려간다는 걸 알게 될 거예요.

📖 교과서 속 과학 개념

고체

고체는 일정한 부피와 모양을 지니고 있어 쉽게 변형되지 않는 물질의 상태를 말합니다. 나무, 돌, 얼음 등은 고체 상태입니다.

액체

액체는 일정한 부피는 가지고 있으나, 일정한 모양이 없어 용기의 모양에 따라 자유로이 유동하고 변형하는 상태를 말합니다. 물, 탄산음료, 우유 등은 액체 상태입니다.

기체

기체는 담는 그릇에 따라 모양이 변하고, 담기는 그릇을 항상 고르게 가득 채우는 성질이 있는 물질의 상태를 말합니다. 공기는 기체 상태입니다.

승화

승화는 물질에 열을 가했을 때, 고체 상태에서 액체 상태가 되지 않고 곧바로 기체 상태로 변화하는 것을 말합니다. 물은 고체 상태의 얼음에 열을 가하면 액체 상태가 되고, 계속해서 열을 가하면 기체 상태가 되지요. 하지만 드라이아이스는 고체 상태에서 열을 가하면, 곧바로 기체 상태의 이산화탄소가 됩니다.

온실 효과

교과서: 6학년 1학기 3단원 여러 가지 기체	**실험 난이도**: 쉬워요
핵심 개념: 온실 효과, 대기	**총 실험 시간**: 30분
	관련 분야: 과학

햇빛이 좋은 날, 자동차 실내 온도는 왜 바깥 온도보다 항상 더 높을까요? 이 간단한 과학 실험을 통해 온실 효과에 대해 배우고, 온실 효과를 직접 측정할 거예요.

준비물

- ☐ 뚜껑이 있는 밀폐 유리병
- ☐ 온도계 2개
- ☐ 연필과 사인펜
- ☐ 시계
- ☐ 빈 표(262쪽)
- ☐ 빈 도표(263쪽)

실험 방법과 순서

① 따뜻한 날, 바깥에 나가서 해가 잘 드는 곳을 찾습니다.

② 적당한 장소를 찾았으면 온도계 2개와 밀폐 유리병을 모두 햇볕에 내놓고, 3분 동안 기다리며 따뜻하게 해 줍니다.

③ 기다리는 동안, 빈 표와 연필을 꺼내 세로 3칸에 각각 '시간, 대조군, 온실'이라고 적습니다.

④ 시계를 보고 시간을 확인한 뒤, 이 시간을 온도계 2개가 가리키는 온도와 함께 표에 기록합니다.

⑤ 이제 온도계 하나를 병 안에 넣고 뚜껑을 닫습니다. 병 안에 넣은 온도계가 '온실 온도계'입니다. 바깥에 있는 온도계가 '대조군'입니다. 이때 밀폐 유리병과 온도계 2개 모두 반드시 햇빛을 직접 받고 동일한 장소에 있어야 합니다.

⑥ 10분 동안 1분마다 양쪽 온도계에 나타난 온도를 기록합니다.

⑦ 시간이 지나면서 양쪽 온도계에 나타나는 온도가 어떻게 변하는지 그 결과를 도표로 표시합니다. 도표 가로축은 '시간'으로, 세로축은 '온도'로 표기합니다. 각 온도계에서 나온 결과는 색이 다른 사인펜으로 그리세요.

🔍 이렇게 관찰해요

바깥과 비교해 병 안쪽 온도는 어떻게 변했나요? 병 안쪽 온도가 변하지 않고 안정되는 순간이 있나요?

⭐ 응용해 보요

밀폐 유리병을 하나 더 준비해 양쪽 병에 물을 1/4씩 채웁니다. 그리고 각 병에 온도계를 하나씩 넣습니다. 병 하나는 뚜껑을 닫고, 다른 하나는 뚜껑을 열어 두세요. 양쪽 병 모두 햇빛을 직접 받는 상태에서 온도가 어떻게 변하는지 관찰합니다.

❓ 무슨 원리일까요

뚜껑을 닫은 유리병 안 온도가 올라가는 이유는 간단합니다. 햇빛이 들어와 유리병 안쪽 공기를 데우는데, 이 더운 공기가 빠져나갈 길이 없기 때문에 계속해서 점점 더 따뜻해지는 거예요. 닫힌 자동차 안에서도 이와 똑같은 일이 생깁니다. 지구에서 일어나는 '온실 효과'라는 현상도 마찬가지예요. 지구 대기가 없다면 기온이 좀 더 낮을 텐데, 대기가 뚜껑처럼 작용해 아래에 있는 더운 공기를 가둬 놓아서 지면을 훨씬 더 높은 온도로 뜨겁게 달구게 됩니다.

📖 교과서 속 과학 개념 ✏️

온실 효과

온실 효과는 지구 대기의 온실가스들에 의해 태양으로부터 받은 태양 복사 에너지가 지구로부터 방출되지 못하고 머물게 되면서 지구 표면의 온도가 올라가는 현상을 말합니다. 온실가스에는 이산화탄소, 수증기, 프레온 가스, 질소산화물 등이 있어요. 여러 가지 온실가스 중 이산화탄소가 온실 효과에 미치는 영향이 높기 때문에, 이산화탄소 발생을 줄이기 위해서 노력해야 합니다.

대기

대기는 지구의 중력에 의해 지구 주위를 둘러싸고 있는 기체들을 말합니다. 흔히 '공기'라고도 하는데 질소, 산소, 이산화탄소, 수증기 등으로 이루어져 있습니다.

옷걸이 양팔 저울

교과서 : 4학년 1학기 4단원 물체의 무게	실험 난이도 : 쉬워요
핵심 개념 : 평형	총 실험 시간 : 20분
	관련 분야 : 공학

간단한 양팔 저울을 직접 만들어 다양한 물체의 무게를 비교해 볼 수 있나요? 10원짜리 동전을 측정 단위로 사용해서 물체 무게를 재고, 집에 있는 여러 가지 물건들을 비교하며 재미있게 놀아 봐요.

준비물

- □ 플라스틱 컵 2개
- □ 구멍 뚫는 펀치
- □ 끈
- □ 가위
- □ 옷걸이(나무 또는 플라스틱)
- □ 접착테이프
- □ 집에 있는 다양한 물건들
  (동전, 작은 장난감, 시리얼, 쌀, 콩, 크레용 등)
- □ 10원짜리 동전 여러 개

실험 방법과 순서

❶ 플라스틱 컵 2개를 준비하고 컵마다 가장자리에서 2.5cm 아래, 마주 보는 위치에 구멍을 2개 뚫습니다.

❷ 끈을 길이 60cm로 2줄 자릅니다.

❸ 컵 하나를 들고 뚫은 구멍 2개 사이로 끈 하나를 꿰웁니다. 구멍 밖으로 뺀 끈은 옷걸이 밑면, 평평한 부분에 한 번 둘러서 양 끝을 묶습니다.

❹ 다른 컵에도 끈을 꿰어 ❸과 똑같은 방식으로 옷걸이에 묶습니다.

❺ 끈 위치를 조정해서 옷걸이 양 끝부분에 컵이 하나씩 걸려 있게 합니다.

❻ 이제 옷걸이를 문손잡이나 빨래걸이, 수건걸이와 같이 평평한 가로 막대기에 겁니다.

❼ 옷걸이 평평한 밑면이 바닥과 평행을 이루게 두 컵의 위치를 잘 조정합니다. 평형을 이뤘다면 묶어 둔 끈 2줄이 이리저리 미끄러지지 않게 옷걸이에 접착테이프로 붙이세요.

❽ 집에 있는 여러 물건을 컵에 넣고, 어떻게 되는지 관찰합니다. 먼저 어떤 물건이 더 무거울지 가설을 세우고, 이 옷걸이 양팔 저울로 시험하여 가설이 옳았는지 확인해 보세요.

❾ 컵 하나에 물건을 하나 넣은 다음, 다른 컵에는 10원짜리 동전을 하나씩 넣으면서 저울을 수평으로 만듭니다. 넣은 물건이 동전 몇 개만큼 무거운지 확인해 보세요.

 교과서 속 과학 개념

평형
평형은 양팔 저울로 무게를 측정할 때, 물체의 무게가 어느 한쪽으로 치우치거나 기울지 않은 안정된 상태를 말합니다. 양팔 저울이 평형을 이루면, 바닥과 평행한 상태가 됩니다.

이렇게 관찰해요
물건마다 10원짜리 동전을 몇 개씩 넣어야 수평이 되나요?

응용해 봐요
양팔 저울 중 한쪽 컵이 매달린 길이를 짧게 하거나, 한쪽 컵을 옷걸이 중심에 더 가까운 위치로 옮기면 어떻게 되는지 실험해 봐요.

무슨 원리일까요
양팔 저울은 항상 더 무거운 물체를 담은 쪽으로 기울게 되어 있습니다. 양쪽 컵에 담긴 물체들이 같은 무게가 되면, 그때는 옷걸이 양팔 저울이 평형을 이루기 때문에 바닥과 평행해집니다.

249

연필 해시계

- **교과서** : 6학년 1학기 2단원 지구와 달의 운동
- **핵심 개념** : 해시계
- **실험 난이도** : 쉬워요
- **총 실험 시간** : 8시간
- **관련 분야** : 과학, 기술

그림자를 이용해 시간을 알려 주는 시계를 만들 수 있을까요? 고대 이집트인들은 4500년도 더 전에 이런 일을 해냈답니다! 우리도 몇 가지 간단한 준비물로 해시계를 직접 만들어 보자고요.

준비물

- ☐ 깎지 않은 새 연필
- ☐ 접착테이프
- ☐ 종이 접시
- ☐ 사인펜
- ☐ 책 또는 물이 가득 찬 생수병

실험 방법과 순서

❶ 이 실험은 맑고 해가 좋은 날 해야 해요. 구름이 몰려오면 해시계를 만들 수 없어요.

❷ 깎지 않은 새 연필을 종이 접시에 접착테이프로 붙여서 똑바로 세웁니다. 이때 평평한 쪽 끝을 바닥에 놓고 세워야 해요.

❸ 밖으로 나가서 해가 잘 드는 곳을 찾습니다. 연필 붙인 종이 접시를 해가 잘 드는 곳에 내려놓고, 연필 그림자가 지나가는 길을 종이 접시에 사인펜으로 표시합니다. 그림자를 표시하고, 그 옆에 시간도 함께 적어 두세요.

❹ 이 실험을 하는 동안, 종이 접시와 연필의 위치가 변경되면 절대 안 돼요. 종이 접시가 움직이지 않게 접시 한쪽에 무거운 물건(책이나 물을 가득 채운 생수병 등)을 올려 두세요.

❺ 매시 정각마다 연필 그림자 위치를 표시하고, 시간을 적습니다. (예) 10시, 11시, 12시, 1시, 2시…)

❻ 연필 그림자를 적어도 8번 연달아 그립니다. 연필 그림자가 지나간 시간을 많이 기록하면 할수록 더 좋은 해시계가 됩니다.

이렇게 관찰해요

그림자를 표시한 시간 동안, 연필 그림자 크기는 달라졌나요? 왜 그럴까요?

 교과서 속 과학 개념

해시계

지구는 24시간을 기준으로 해서, 자전축을 중심으로 서쪽에서 동쪽으로 한 번씩 돌고 있습니다. 이와 같은 지구의 회전을 '자전'이라고 해요. 지구의 자전에 의해서 태양의 위치가 일정하게 변함으로써 물체의 그림자가 이동하게 되는데, 이것으로부터 시간의 경과를 측정하는 장치를 '해시계'라고 합니다.

해가 동쪽에서 뜨는 아침에는 해시계의 막대 그림자가 서쪽으로 생기게 되고, 해가 남쪽에 뜨는 점심에는 그림자가 북쪽으로 생기게 됩니다. 그리고 해가 서쪽으로 지는 저녁에는 그림자가 동쪽으로 생기게 되지요. 이렇게 해시계에는 시간별로 위치가 변하는 태양 때문에 생기는 막대기의 그림자 변화가 기록되어 있어서, 그림자의 위치로 시간을 알 수 있습니다.

⭐ 응용해 보요

내 그림자와 분필로 아스팔트 위에 인간 해시계를 만들어 봐요. 마당이나 주차장, 놀이터 등으로 가서 1시간마다 정시에 내 그림자 위치를 분필로 표시합니다. 이 실험을 하기 위해 하루 종일 같은 자리에 서 있을 수는 없겠지요? 내가 서 있던 위치를 잘 확인해서, 매 시간마다 정확히 같은 장소에 서도록 합니다.

❓ 무슨 원리일까요

지구가 자전축을 중심으로 동쪽으로 회전하면서 하늘에 태양이 있는 자리가 변합니다. 그에 따라 그림자들도 지구 표면 위로 움직이게 되지요.

자동차는 얼마나 멀리 갈까?

교과서 : 5학년 2학기 4단원 물체의 운동	실험 난이도 : 쉬워요
핵심 개념 : 속력과 각도	총 실험 시간 : 30분
	관련 분야 : 과학, 공학

장난감 자동차를 경사진 길 아래로 내려보내면 평지에 도달해서도 조금 더 달려나가는 걸 볼 수 있지요. 그럼 어떤 각도일 때 가장 멀리 가다가 멈출까요? 각도기와 줄자를 꺼내서 알아봐요.

준비물

- ☐ 긴 종이 관
- ☐ 장난감 자동차
- ☐ 줄자
- ☐ 연필
- ☐ 각도기
- ☐ 의자나 스툴
- ☐ 접착테이프
- ☐ 빈 표(262쪽)
- ☐ 빈 도표(263쪽)

🧪 실험 방법과 순서

❶ 먼저 종이 관을 의자에 비스듬히 걸친 상태로 평평한 바닥에 놓습니다. 종이 관 안으로 미끄럼틀을 태우듯 장난감 자동차를 내려보내서 이 미끄럼 장치가 제대로 작동하는지 확인하세요.

❷ 확인이 끝났으면, 접착테이프로 종이 관을 의자에 붙여 고정합니다.

❸ 줄자를 바닥에 놓습니다. 이때 줄자의 눈금 0을 종이 관 입구에 놓은 다음, 접착테이프로 붙여 움직이지 않게 합니다.

❹ 빈 표와 연필을 준비해, 세로로 2칸에 각각 '경사로 각도', '이동 거리'라고 적어 둡니다.

❺ 이제 각도기로 바닥과 종이 관 경사로 사이의 각도를 재고, 그 결과를 표에 기록합니다.

❻ 종이 관 안으로 자동차를 내려보낸 뒤, 바닥에 도착해서 움직인 거리를 기록합니다. 같은 각도에서 여러 번 내려보내 평균 이동 거리를 계산하면 더 정확한 결과가 나와요.

❼ 의자의 위치를 옮겨서 경사로 각도를 바꿉니다. 각도를 바꿀 때마다, 그 각도에서 자동차가 이동한 거리를 각도와 함께 표에 기록합니다.

❽ 실험이 끝났으면 그 결과를 가지고 도표를 만듭니다. 도표 가로축을 '각도'로, 세로축을 '거리'로 표시합니다.

🔍 이렇게 관찰해요

도표는 어떤 모양이 되었나요? 어떤 각도에서 자동차가 바닥에 닿았을 때 가장 멀리 굴러 가나요? 혹시 결과가 생각과는 크게 달랐나요?

⭐ 응용해 봐요

종이 관으로 만든 경사로에 여러 종류의 자동차들을 내려보내 보고, 어느 각도에서 가장 멀리까지 가는지 확인해 보세요. 혹시 깜짝 놀랄 만한 결과가 나왔나요?

❓ 무슨 원리일까요

경사로를 내려가는 자동차는 낮은 각도보다 가파른 각도에서 속력이 더 빨라집니다. 하지만 경사로가 지나치게 가팔라지면 자동차가 빠져나가기 어려워져서 오히려 멀리 가지 못하게 된답니다.

📖 교과서 속 과학 개념

속력과 각도

바닥에 놓인 평평한 경사로 위에 자동차를 내려놓으면 굴러가지 않습니다. 하지만 기울어진 경사로에서는 어떻게 되나요? 자동차가 경사로를 내려가는 것을 볼 수 있습니다. 경사로의 각도가 클수록 자동차가 바닥으로 내려올 때의 속력이 빠릅니다. 이것은 경사로의 각도가 클수록 자동차가 굴러가는 방향으로 작용하는 중력이 크기 때문이에요. 중력은 자동차를 아래로 끌어당기지만, 기울어진 경사로에서는 아래로 작용하던 중력 중 일부가 자동차가 내려가는 방향 쪽으로 작용하기 때문에 자동차가 더 빨리 굴러가게 돼요. 하지만 경사로의 각도가 너무 크면 자동차의 앞부분이 바닥에 부딪혀 멀리 가지 못할 수 있어요.

다이어트 콜라 거품 기둥

- 교과서 : 6학년 1학기 3단원 여러 가지 기체
- 핵심 개념 : 이산화탄소
- 실험 난이도 : 보통이에요
- 총 실험 시간 : 20분
- 관련 분야 : 과학

멘토스 사탕을 다이어트 콜라에 넣으면 어떻게 될까요? 이번에는 러닝화를 신고 놀라운 다이어트 콜라 폭발 실험을 준비할 거예요. 실험이 끝나고 나서는 병에 남은 음료수 부피를 측정해 얼마나 큰 폭발이 일어났는지 평가해 보세요. 음료수가 적게 남을수록 폭발이 컸다는 뜻이랍니다.

준비물

- ☐ 2L 다이어트 콜라(코카콜라 제로)
- ☐ 멘토스 사탕
- ☐ 계량컵

⚠ 이런 점은 조심해요

이 실험을 하면 주위가 엄청 지저분해져요. 반드시 바깥에서 하세요.

🧪 실험 방법과 순서

1. 마당 등 밖으로 나가 다이어트 콜라병을 평평한 바닥에 놓습니다.
2. 다이어트 콜라병 뚜껑을 열고, 멘토스 사탕 1~2개를 재빨리 넣은 뒤 멀리 도망칩니다!
3. 터져 나오던 거품 기둥이 멎으면, 병에 다이어트 콜라가 얼마나 남았는지 계량컵으로 측정합니다.

🔍 이렇게 관찰해요

거품 기둥이 폭발한 뒤, 다이어트 콜라는 어떤 상태가 되나요? 병에는 얼마나 남았나요?

⭐ 응용해 보요

다이어트 콜라 말고 다른 탄산음료도 실험하고 사탕 종류와 양도 달리해서 실험을 반복한 뒤, 어떻게 했을 때 가장 큰 폭발이 일어나는지 알아보세요. 실험할 때마다 남은 음료의 양을 측정해서, 어떤 사탕과 어떤 탄산음료가 만났을 때 가장 큰 폭발이 일어나는지 확인합니다. 멘토스 사탕 말고 어떤 사탕을 썼을 때, 폭발하는 탄산음료 거품 기둥이 생기나요?

이산화탄소

우리는 매일 숨을 쉬죠? 이산화탄소는 우리가 숨을 내쉴 때 많이 포함되어 있는 기체입니다. 이산화탄소는 무색, 무취의 기체로, 압력을 가하면 액체 상태로 만들 수 있고, 더 큰 압력을 가하면 고체 상태인 드라이아이스를 만들 수 있습니다. 드라이아이스는 아이스크림을 포장할 때 넣어 주는 얼음처럼 생긴 고체를 말합니다. 이산화탄소는 탄산음료나 액체 소화기에 넣어 이용되고, 식물이 광합성을 할 때도 이용됩니다.

무슨 원리일까요

〈춤추는 건포도(30쪽)〉 실험 때와 마찬가지로, 이번에도 멘토스 사탕의 거친 표면이 이산화탄소 방울이 잘 생길 수 있도록 자리를 마련해 주기 때문에, 탄산음료가 아주 큰 거품 기둥을 일으키며 폭발한답니다. 멘토스 사탕 표면에는 아주 작은 구멍들이 있어서 이산화탄소 거품들이 잘 달라붙거든요.

다이어트 콜라병을 열면 이산화탄소 거품이 어느 정도 달아납니다. 그래도 여전히 거품 수백만 방울이 병 안에 남아서 위쪽으로 빠져나오지 못하고 있어요. 거품이 너무 작아서 음료수를 헤치고 올라오지 못하기 때문이지요. 그런데 멘토스 사탕을 한 알 넣으면, 작은 거품 수백만 방울이 멘토스 표면에 달라붙으면서 위로 빠져나갈 수 있는 더 큰 거품들을 만들게 됩니다. 이렇게 커진 거품들이 병에서 갑자기 확 몰려나오면서 다이어트 콜라를 같이 밀어내고, 결국 신나게 폭발하는 거품 기둥을 만든답니다.

다이어트 콜라에 들어 있는 2가지 첨가제도 중요해요. 바로 아스파탐과 벤조산 칼륨인데, 이들은 음료 안에서 기체 거품이 더 쉽게 만들어지게 해서, 더 빠르고 폭발력 강한 거품 기둥이 솟아나게 합니다.

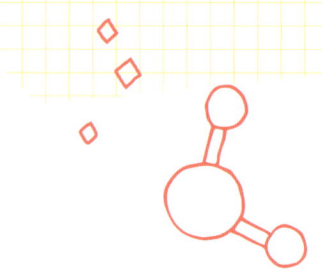

마치며

짝짝짝, 정말 잘하셨습니다! 여기까지 왔다면 과학과 기술, 공학, 예술, 수학 각 분야를 두루 탐구하고 실험도 다 마쳤다는 뜻이겠지요. 여러분은 어떤 새로운 것들을 배우고 알게 되었나요?

이 책에 나온 실험들을 통해, 과학적 방법을 따라가면서 새로운 사실을 발견하는 출발점, 평생 가져갈 사고 습관을 기르는 출발점으로 삼으면 좋습니다. 무엇보다 질문을 많이 하세요. '왜, 어떻게, 무엇이, 언제?'라는 물음을 계속하세요. 그러면서 발견하는 과정을 좋아하게 된다면 기쁘겠습니다.

이제, 여러분은 융합인재교육 분야들이 어떻게 겹치고 서로 이어지는지 잘 알게 되었어요. 책에 나온 실험을 하는 과정에서 어느 한 분야도 다른 분야들 없이는 존재하지 못한다는 사실도 배웠어요. 이 다섯 분야는 모두 서로 연관되어 있고, 또 서로를 바탕으로 한층 발전합니다.

교육계나 직업 세계에는 다음 세대를 위해 놀라운 기술 발명품을 발견하고, 창조하고, 만들고, 발전시킬 혁신 인재가 필요합니다. 이 책에서 배운 지식을 잘 활용한다면, 여러분이 그런 인재가 될 가능성도 커지겠지요.

예를 들어, 과학자가 될 수도 있고, 생화학 연구소에서 일하며 암 치료제를 연구하거나, 화성에서 생명체를 발견하는 사람이 될 수도 있어요. 생물학자가 되어 정글에서 희귀 동물을 연구하거나, 화산학자가 되어 세계를 돌아다니며 화산을 연구할 수도 있고요. 아니면 프로그램 개발자나 하드웨어 개발자가 될 수도 있어요. 사람들을 돕는 새로운 애플리케이션이나 재미있고 신기한 게임을 개발할 가능성도 있겠지요. 새로운 전자 장치를 고안하거나, 기존 전자 장치를 개선하는 팀에 들어갈 수도 있습니다. 전투기에 들어가는 전기 패널을 개발하거나, 수많은 생명을 구하는 의료 장비를 생산하는 사람이 될 수도 있고요.

어쩌면 공학자가 될 수도 있어요. 유선형 로켓선이나 날아다니는 자동차를 만들면 어떨까요? 또는

저렴한 비용으로 영양가 있는 식품을 생산하는 새로운 공정을 개발해 세상에서 굶주림을 몰아내거나, 어떠한 자연재해도 견뎌내는 튼튼한 건물과 다리를 만드는 사람이 되어도 좋겠지요.

앞으로 여러분이 어떤 발명을 하게 되든, 무엇보다 먼저 결과물이 직관적이고, 사용하기 편하고, 보기에도 좋게 설계할 방법을 고민해야 합니다. 그리고 여러분이 발견한 것을 다른 사람들이 제대로 사용하게 하려면 창의력과 상상력, 예술성을 모두 발휘해야 할 거예요.

물론 여러분이 융합인재교육 분야를 벗어나서 인문학이나 정치학, 음악 등 다른 길을 걸을 수도 있겠지요. 교사나 작가, 가수, 변호사가 될 가능성도 열려 있습니다. 그런데 어떤 길을 가든, 무엇을 좋아하든, 질문하는 법을 알고 발견하는 법을 알고 배움을 좋아한다면 어느 분야에서든 성공할 준비가 되어 있는 거예요.

그러니 탐구를 계속하세요. 실험을 계속하세요. 이 책에 나와 있는 다양한 발상을 사용해, 나만의 아이디어를 생각해 내세요. 그리고 배움을 멈추지 마시기 바랍니다.

용어 설명

가속도 acceleration
어떤 물체가 속도를 높이는 비율

각운동량 angular momentum
어떤 물체가 회전 운동하는 양

결정 crystal
원자 또는 분자들이 매우 정돈되고 기하학적이며 대칭하는 형태로 배열된 고체

곰팡이류·균류 fungus
유기물을 먹고 포자를 만드는 미생물

공기 저항 air resistance
공기가 움직이는 물체에 발휘하는 마찰력, 움직이는 물체가 공기에서 받는 저항

과포화 용액 supersaturated solution
용매가 일반적으로 최대로 녹일 수 있는 양보다 더 많은 용질이 녹아 있는 용액

관성 inertia
물체가 운동 상태를 바꾸지 않으려고 저항하는 성질

광합성 photosynthesis
식물이 햇빛을 사용해 이산화탄소와 물에서 영양분을 만드는 과정

굴절 refraction
빛이 한 매질에서 밀도가 다른 매질을 지나면서 꺾이는 현상

궤도 trajectory
비행하는 물체가 따라가는 곡선의 길

극성 결합 polar bond
전자들을 다르게 공유하는 원자들 또는 분자들의 결합으로, 부분적 음전하와 양전하를 띠게 됨

녹는점·용해점 melting point
고체가 액체로 상태가 변화하기 시작하는 온도

닫힌회로·폐회로 closed circuit
주위에 전류가 흐르거나 순환하는 완전한 배선

대조군 scientific control
정상 상태에서 어떤 일이 일어나는지 볼 수 있도록 아무 처리도 하지 않은 표본

대칭 symmetry
한 축을 중심으로 마주 보는 부분들이 똑같은 모양을 이루는 성질

마찰 friction
한 물체가 다른 물체와 접촉에 의해서 움직임이 멈추도록 방해받는 현상

모세관 활동 capillary action
물이 좁은 공간에서 중력을 무시하고 움직이는 현상

무극성 결합 nonpolar bond
전자들을 똑같이 공유하는 원자 또는 분자들의 결합

밀도 density
어떤 물질이 빽빽하게 모여 있는 정도

반사 reflection
빛이나 소리 파동이 표면으로 돌아오는 현상

받침점·지렛목 fulcrum
지레가 움직이게 지지하거나 받치는 지점

발사체 projectile
힘을 사용해 앞으로 던지거나 쏘아 올린 물체

발아하다 germinate
씨앗이 자라기 시작해 싹을 틔우다

발열 반응 exothermic reaction
열을 방출하면서 진행하는 화학 반응

변수 variable
실험에서 바꿔볼 수 있는 요소

부력 buoyancy
유체가 어떤 물체에 주는 상승하는 힘으로, 물체가 위로 뜰 수 있도록 도와주는 힘

부착력 adhesion
서로 다른 두 물질이 달라붙게 하는 끌힘

분산 dispersion
백색광이 다양한 색으로 분리되는 현상, 또는 파장에 따라 복사가 분리되는 현상

분자 molecule
여러 원자들이 결합해 만든 화합물

비뉴턴 유체 non-Newtonian fluid
압력이나 힘을 가하면 점성이 변하는 유체

산 acid
화학 반응에서 양성자를 낼 수 있는 분자

산화 oxidation
산소와 다른 물질이 만나서 반응하는 것

소용돌이 vortex
팽이처럼 빙빙 도는 액체나 공기 덩어리

속도 velocity
일정한 시간 동안 변화된 위치의 거리 차

속력 speed
일정한 시간 동안 이동한 거리

압력 pressure
어떤 물체가 접촉한 다른 물체에 계속 눌리거나 밀리는 물리적 힘

압력 평형 balanced pressure
물체에 작용하는 여러 압력이 균형을 이루는 상태

양력 lift
공중에 뜬 물체 무게에 정반대로 작용하여, 그 물체가 공중에 계속 떠 있게 하는 힘

양성자·양자 proton
양전하가 있는 소립자로 원자핵에 들어 있음

어는점·빙점 freezing point
액체가 고체로 변화하기 시작하는 온도

열린회로·개회로 open circuit
전류가 흐르는 정상적인 통로가 막힌 배선

염기 base
화학 반응에서 양성자를 받아들이는 분자

온도 temperature
어떤 물체에 담긴 열의 정도

용매 solvent
다른 물질을 녹여 용액을 만드는 물질

용액 solution
둘 이상의 물질이 골고루 섞여 액체와 같은 형태로 된 혼합물

용질 solute
다른 물질로 녹는 물질

운동 에너지 kinetic energy
운동하고 있는 물체가 지니고 있는 에너지

원심력 centrifugal force
중심 주위로 움직이는 물체가 바깥을 향해 작용하는 힘

원자 atom
화학 요소 중 가장 작은 단위. 원자는 양전하인 핵과 원자핵 주위로 움직이는 전자로 이루어짐

위치 에너지 potential energy
어떤 물체가 특정한 위치에서 잠재적으로 지니고 있는 에너지

음높이 pitch
어떤 어조가 높거나 낮은 정도

응집력 cohesion
같은 물질의 다른 두 분자가 달라붙게 하는 끌힘

이산화탄소 carbon dioxide
공기보다 밀도가 60% 정도 높은 무색, 무취인 기체

자성 magnetism
물질이 나타내는 자기적인 성질

저항 resistance
운동이나 전기 흐름을 방해하는 힘

전기 회로 electric circuit
전자가 끊기지 않고 흐르는 닫힌 고리형 구조

전도성 conductivity
어떤 물질이 열이나 전기를 얼마나 잘 옮기는가를 나타내는 성질

전도체 conductor
금속 등 열이나 전기가 쉽게 흐르는 물체

전자 electron
모든 원자에서 발견되는 음전하를 가진 아주 작은 입자

전자석 electromagnet
전기가 흐르면 자기화되는 일시적인 자석

절연체 insulator
플라스틱이나 나무, 고무처럼 전기가 잘 흐르지 않는 물체

점성이 있다 viscous
잘 흐르지 않으며 농도가 차지고 끈끈하다

정전기 static electricity
물체가 마찰할 때 발생하는 마찰 전기의 일종

진동수 frequency
일정 단위 시간에 일정 지점을 지나가는 결마루(파동 중 가장 높은 부분, 파구) 수

중력 gravity
지구가 물체를 지구의 중심 방향으로 끌어당기는 힘

중성자 neutron
원자보다 작은 입자로, 질량은 양성자와 거의 같지만 전하가 없으며, 일반적인 수소를 제외한 모든 원자핵에 존재

중합체 polymer
간단한 단위체들이 연결된 고분자의 종류

진자 pendulum
중심점에 매달려 방해받지 않고 좌우로 흔들리는 물체

질량 mass
어떤 물체 안에 어떤 물질이 얼마나 있는지 측정한 양

초점 focal point
광선이 굴절한 뒤 모이는 지점

촉매 catalyst
화학 반응에서 반응이 일어나는 속도를 조절해 주는 물질

추력 thrust
하늘을 나는 물체가 공중에서 움직이게 하는 힘

크로마토그래피 chromatography
정지상(stationary phase) 구조를 따라 화학 혼합물을 움직여 그 혼합물 구성 요소들을 분리하는 기법

파장 wavelength
파동의 마루에서 다음 마루까지의 거리

폐활량계 spirometer
허파에 들락거리는 공기의 양을 측정하는 도구

표면장력 surface tension
물방울을 만드는 힘으로, 액체 표면에 있는 분자들이 서로 끌어당기는 힘

핵 nucleus
원자에서 양전하가 있는 중심부로, 양성자와 중성자로 이루어지며, 그 질량은 핵자(양성자와 중성자)의 질량과 거의 같음

핵 생성 자리 nucleation sites
고체, 액체, 기체가 물리적으로 분리하게 돕는 작은 구멍 또는 울퉁불퉁한 표면

화학 결합 chemical bond
원자들을 붙들어 매는 끌힘

화학 물질 chemical
원자나 분자 변화가 따르는 반응에서 사용하거나 또는 그런 반응으로 생기는 기본 물질

화학 반응 chemical reaction
하나 이상의 물질이 다른 물질로 바뀌는 과정

회전 관성 rotational inertia
회전하는 물체가 회전 운동하는 상태를 계속 유지하려고 하는 성질

힘 force
물체가 움직이도록 밀거나 끄는 것

도표

교과서가 쉬워지는
초등 필수 과학 실험 100

초판 1쇄 발행 · 2019년 7월 29일
초판 3쇄 발행 · 2022년 1월 30일

지은이 · 크리스털 채터튼
옮긴이 · 김혜진
감수자 · 전영찬
발행인 · 이종원
발행처 · (주)도서출판 길벗
출판사 등록일 · 1990년 12월 24일
주소 · 서울시 마포구 월드컵로 10길 56(서교동)
대표 전화 · 02)332-0931 | 팩스 · 02)323-0586
홈페이지 · www.gilbut.co.kr | 이메일 · gilbut@gilbut.co.kr

책임편집 · 황지영(jyhwang@gilbut.co.kr) | 디자인 · 최주연 | 제작 · 이준호, 손일순, 이진혁
영업마케팅 · 진창섭, 강요한 | 웹마케팅 · 조승모, 송예슬 | 영업관리 · 김명자, 심선숙, 정경화
독자지원 · 윤정아, 홍혜진 | 편집 및 교정교열 · 전명희 | 전산편집 · 예다움
CTP 출력 및 인쇄 · 두경M&P | 제본 · 경문제책

- 잘못된 책은 구입한 서점에서 바꿔 드립니다.
- 이 책에 실린 모든 내용, 디자인, 이미지, 편집 구성의 저작권은 길벗과 지은이에게 있습니다.
  허락 없이 복제하거나 다른 매체에 옮겨 실을 수 없습니다.

ISBN 979-11-6050-859-8 73400
(길벗 도서번호 050138)

독자의 1초를 아껴주는 정성 길벗출판사

길벗 | IT실용서, IT/일반 수험서, IT전문서, 경제실용서, 취미실용서, 자녀교육서
더퀘스트 | 인문교양서, 비즈니스서
길벗이지톡 | 어학단행본, 어학수험서
길벗스쿨 | 국어학습서, 수학학습서, 유아학습서, 어학학습서, 어린이교양서, 교과서

제품명	교과서가 쉬워지는 초등 필수 과학 실험 100	주소	서울시 마포구 월드컵로 10길 56 (서교동)
제조사명	(주)도서출판길벗	제조년월	판권에 별도 표기
제조국명	대한민국	사용연령	8세~13세
전화번호	02-332-0931	KC마크는 이 제품이 공통안전기준에 적합하였음을 의미합니다.